Karl Sudhoff

Das antike Badewesen

Medizinisch-kulturgeschichtliche Studien an Vasenbildern

Verlag
der
Wissenschaften

Karl Sudhoff

Das antike Badewesen

Medizinisch-kulturgeschichtliche Studien an Vasenbildern

ISBN/EAN: 9783957009197

Auflage: 1

Erscheinungsjahr: 2016

Erscheinungsort: Norderstedt, Deutschland

Hergestellt in Europa, USA, Kanada, Australien, Japan
Verlag der Wissenschaften in Hansebooks GmbH, Norderstedt

Aus dem
antiken Badewesen.

Medizinisch-kulturgeschichtliche Studien an Vasenbildern.

Von

Karl Sudhoff.

Berlin 1910.

Allgemeine Medizinische Verlagsanstalt, G. m. b. H.

Vorwort.

«Eule und Luter» zeigt uns die Malerei auf einer schwarzfigurigen Vase früher Zeit, *(B. 354)* im Britischen
Museum, die wir als Titelvignette dieser Studie zum antiken
Badewesen gewählt haben, «Eule und Luter» und zwischen
beiden eine Hand, von dem nachdenklichen Vogel der Athene
zum Badebecken auf hohem Fuße weisend, als habe die
scherzende Künstlerlaune das Pindarische 'ἄριστον μὲν ὕδωρ'
Wasser ist das Beste», etwa in einem Satze wie «im Waschbecken liegt die Wahrheit für die Hautpflege» travestieren
wollen — «Eule und Luter» (λουτήρ) nehme ich auch als
Wahrzeichen für die kommende Abhandlung, die medizinisch-
archäologische Vasenstudien zunächst einmal für die antike
Kulturgeschichte im Bereiche des Badewesens fruchtbar zu
machen sucht. Was die Vasenbilder in der kurzen Zeit-
spanne ihrer Blüte vom ausgehenden 6. zum beginnenden
4. Jahrhundert vor Chr. für dies Gebiet griechischen Lebens
mir geboten haben, ist in der folgenden Darstellung im
Wesentlichen erschöpft. Sie bringt zum größten Teile un-
veröffentliches Bildmaterial, und wo sie schon bekanntes
verwendet, sucht sie es durch Treue zum Original urkund-
lich und wissenschaftlich voll verwertbar zu machen. Wo
der Standort der einzelnen Vasen heute noch eruirbar war,
ist stets die Originalphotographie allein zur Reproduktion

verwendet worden. Der Verleger ist meinen Wünchen auf's Bereitwilligste entgegengekommen.

Auf Bronzen, Terrakotten und Steinreliefs ist nur ergänzungsweise hinübergegriffen worden, ohne auch nur daran zu denken, das reiche, in seiner Provenienz weit über ein Jahrtausend sich erstreckende Material zu erschöpfen, das schon gesammelt ist. Auch der Vasenbilder, die ich zusammen gelesen, sind zwar weit mehr, als hier im Bilde wiedergegeben, aber neue Gesichtspunkte hätte eine weitere Häufung paralleler Darstellungen nicht gebracht.

Vielleicht lassen wir die Eule unseres Studiums ein andermal auf andere Bezirke des antiken Badewesen flattern — diesmal steht der «Luter» in der Mitte unseres Interesses und was sich Reinheit suchend um ihn drängt.

Leipzig, am 19. September 1909.

Karl Sudhoff.

Inhalts-Verzeichnis.

Aus dem antiken Badewesen,

Studien an Vasenbildern.

I.

Das Fußbad.

Der Studien über das Bad in der klassischen Antike sind Legion. Bald in flüchtigen Umrißskizzen, bald in gewichtigen, schwer dahinwandelnden Untersuchungen hat man von den zahllosen Badeanlagen gehandelt, die namentlich im kaiserlichen Rom nach griechischem Urbild in den Riesenbauten der Thermen eines Titus, Trajanus, Caracalla, Diocletianus und Constantinus unser Staunen und Interesse wecken, aber auch allenthalben da zu finden sind, wo der Römer in der Fremde Fuß faßte, wo er sich dauernd niederließ, seine südländische Gewohnheit des warmen Bades mit sich nehmend auch in die unwirtlichen Gefilde, die rauhen Wälder Germaniens.

Ich bin auch diesen römischen Badeanlagen auf deutschem Boden nachgegangen und habe eingesehen und gesammelt, was darüber in Schriften, Plänen und Aufnahmen zu finden war. Auch dies Studium bietet noch vieles interessante Detail und manchen allgemeinen Gesichtspunkt, den darzulegen sich wohl lohnen würde, zumal die Beobachtungen, durch welche Maßnahmen die Römer ihre südlichen Einrichtungen im Baue dem nordischen Klima angepaßt haben. Aber von all' dem soll diesmal so wenig die Rede sein, wie etwa von dem üppigen Leben in den Hallen des Luxus der Cäsarenzeit, wo die Bedürfnisse der Reinlichkeit, der Hautpflege und die Sorgen der allgemeinen Gesundheitspflege kaum noch einen nebensächlichen Gesichtspunkt bildeten, wo alles auf raffinierten Lebens- und Sinnengenuß abgestimmt und hergerichtet war: gewiß auch ein wichtiger und dankbarer Vorwurf für den Griffel des medizinischen Kulturhistorikers! Aber ich suchte mir zunächst über anderes klar zu werden, über die einfacheren Verhältnisse in und außerhalb Hellas, namentlich in seiner guten Zeit, über das öffentliche und namentlich auch das Hausbad in Athen und anderen Stätten griechischen Lebens, über das Einzelbad, das Spülen und Waschen des Körpers bei Kind und Weib, bei Jüngling und Mann, daheim, im Badehaus der Palästra und den öffentlichen Bädern, und auch das vor allem auf Darstellungen der Plastik, Kleinplastik und Keramik, besonders auf Vasenbildern, speziell auf den rotfigurigen Vasen in der kurzen Zeit ihrer hohen künstlerischen Blüte im fünften Jahrhundert, die jeden entzückt, dem einmal die Augen dafür aufgegangen sind.

Hier treffen wir auf das Kleinleben des Tages, auf den Griechenjüngling im Baderaum des Gymnasiums, die Griechin bei sich zu Hause an ihrem Waschtische, dem «Luter», oder im Frauenbade. Hier sind aber auch nicht selten mythologische Stoffe behandelt, die sonst das ernste Relief bevorzugen, hier finden wir auch Szenen aus dem Lebensgange der griechischen Nationalhelden usw. zur Darstellung gebracht, im technischen Detail, das den medizinischen Kulturhistoriker vor allem interessiert, vielfach mit den Augen des Tages gesehen und nach den Linien der Wirklichkeit gezeichnet. Aber auch das heroische Relief bringt nicht selten indirekt uns Kunde vom Privatleben des Griechenvolkes.

Alle Untersuchungen über das Kulturleben des Griechentums müssen mit dem Studium der altkretischen Kultur und der mykenischen anheben, die auch über das Badewesen uns mannigfache und wichtige Aufschlüsse schon gebracht haben, wenn sie auch über die Spezialfrage des heutigen Aufsatzes, über das Fußbad noch keine Dokumentenausbeute mir geliefert haben.

Aus einem benachbarten und in manchem verwandten Kulturkreise, dem kyprischen, tritt statt dessen eine hochwichtige Ergänzung ein in einer kleinen Terrakottafigur, die schon von anderer Seite erwähnt und vorgeführt worden ist, teilweise aber mißverstanden wurde.

General Graf Luigi Palma di Cesnola hat vor mehr als 30 Jahren schon über seine Ausgrabungsergebnisse auf der Insel Kypros berichtet. Zu einigen Geschenken, welche er der Akademie der Medizin zu Turin machte, gehörte auch das Figürchen, welches wir unter Nr. 1 und 2 nach Originalaufnahmen zur Abbildung bringen, die wir durch Vermittlung unseres Freundes, des bekannten Pharmakologen und Historikers Piero Giacosa in Turin uns beschaffen konnten. Freiherr von Oefele schildert dies hockende, fette Frauenfigürchen als eine «Frau mit einem gynäkologischen Leiden, welche entweder eine Scheidenwaschung oder eine Scheidenräucherung vornimmt».[1] Auf den ersten Blick scheint diese Auffassung des kleinen Kunstwerkes recht plausibel, wenn man es von vorn betrachtet oder die Reproduktion sieht, die Giacosa seinen «Magistri Salernitani nondum editi» auf Tafel 34 beigegeben hat. Zieht man das Original oder eine Reihe von Aufnahmen

---

[1] Puschmann-Pagel-Neuburger, Handbuch der Geschichte der Medizin I., S. 91.

von verschiedenen Seiten, deren mein Institut vier besitzt, zu Rate, so stellt sich das «gynäkologische Leiden» einfach als «schmutzige Füße» heraus, die in einem Lande, in dem man

Fig. 1.
Dame beim Fußbade. Kyprische Terrakotte.

nur Sandalen trug, sicher nichts Auffälliges oder Entwürdigendes haben.

Wir geben das Figürchen von der Vorderseite und von der Rückseite. Die letztere räumt sofort mit dem scheinbaren Sitz über dem Becken auf. Das korpulente Dämchen sitzt auf einem harten Polster, einem Holzklotz oder einer Steinplatte, und neben ihr steht zu ihrer Linken ein flaches Ton- oder Metallgefäß von

Fig. 2.
Dame beim Fußbade. Kyprische Terrakotte.

schwachbauchiger Form, unter dem leicht ausladenden Rande etwas eingezogen. Die geringe nierenförmige (bidetartige) Ein- ziehung in der Mitte, welche die eine der beiden Aufnahmen erkennen läßt, ist nur scheinbar; das Gefäß ist rundlich, leicht länglich geformt. Offenbar begnügt sich das Frauchen damit, seine linke Hand ins Wasser zu tauchen und mit nassen Fingern Erde, Sand und Staub an ihren Füßen zu beseitigen. Hoffen wir, daß sie sich entschließt, diese etwas mangelhafte Prozedur durch Eintauchen der Füße in das Wännlein zu vervollständigen. Der Schwamm scheint in kyprischer Frühzeit noch keine Verwendung gefunden zu haben; später werden wir ihn in Griechenland ständig im Gebrauch und unzählige Male abgebildet finden.

Ein dem flachen Wännchen der Kyprierin durchaus ähnliches Gefäß zur Fußwaschung finden wir auf einem Relief des fünften Jahrhunderts wiedergegeben, das O. Kern im Jahre 1899 zu Mussaki in Thessalien aufgefunden hat, auf einem Marmorrelief der berühmten Erkennungsszene des Odysseus durch seine Amme Eurykleia, das einst als Anathem in einem Heiligtum des alten Gomphoi aufgestellt gewesen sein mag. Es findet sich heute im Nationalmuseum zu Athen. Wir sehen (Fig. 3) den heimkehrenden Irrfahrer auf einem Stuhl sitzend, den rechten Fuß über die flache Schüssel halten, die der kyprischen fast völlig gleicht. Die treue Dienerin hatte den Unterschenkel ihres Herrn unter der Wade gestützt und wusch den Fuß mit (dem Schwamm in?) der rechten Hand. Eben hat sie die Narbe am Knie des Odysseus erkannt und will in großer Erregung aufspringen, da gebeut ihr ihr Herr mit der rechten Hand Schweigen, auch ihrer Herrin Penelope gegenüber, die auf der rechten Seite des Reliefs vor ihrem Webstuhle steht, die rechte Hand mit dem Webeschiff erhoben und der Badeszene den Rücken kehrend.

Eine etwas ältere Darstellung dieser Fußbadeszene ist auf einem melischen Tonrelief im Athenischen Nationalmuseum (Nr. 9753) zu finden. Leider ist sie nur ein Fragment, das nur eine Ecke des Waschbeckens zeigt, die aber doch eine der thessalischen Darstellung ganz ähnliche flache Form der kleinen Wanne erkennen läßt, zweifellos aus Metall mit den vielfach

Fig. 3.
Fußwaschung des Odysseus. Thessalisches Marmorrelief.

üblichen Löwenfüßen, aber hier ganz außen unter dem Gefäßrand angebracht, der Schüssel einen sehr festen Stand verleihend.[1])

---

[1]) Siehe die Abbildung auf Tafel XIV rechts im 25. Bande der Athenischen Mitteilungen vom Jahre 1900.

Die Szene aus der Odyssee ist nicht selten dargestellt auf
Sarkophagen,[1]) Vasen und Gemmen,[2]) vielfach in dramatischer
Lebendigkeit, wie auf der bekannten, stark modernisierten
Tischbeinschen Darstellung in den «Homerischen Szenen», auf
welcher die erregt aufspringende Dienerin oder der nieder-
geglittene Fuß des Odysseus die der eben betrachteten (Fig. 3)
ganz ähnliche Waschschüssel umgestürzt hat. Auf anderen Darstellungen dieser Szene ist das Gefäß napfartig tief, wie wir
sonst auf Vasen wohl den Waschtrog gebildet finden, in dem
Wäsche gereinigt wird (s. u.). Ein Bronzegefäß mit Henkeln
und enge gestellten, niederen Füßen zeigt die anders aufgefaßte
Erkennungsszene auf einem Chiusinischen Skyphos, auf welchem
die Dienerin am Boden kniet, während Odysseus in aufrechter
Stellung sich auf einen langen Wanderstab mit Querkrücke in
der rechten Achselhöhle stützt und den linken Fuß über die
Wanne der getreuen Eurykleia entgegenhält, die ihn mit der
Linken stützt und ohne Schwamm mit der Rechten wäscht
(Fig. 4).

Dieser der Antike so geläufige Vorwurf der Fußwaschung
des Odysseus hat offenbar der byzantinischen und mittelalter-
lichen Kunst in den Darstellungen der Fußwaschung Christi als
Vorbild gedient, deren ich gar viele auf Bronzereliefs, Elfenbein-
schnitzereien und Handschriftenminiaturen gesehen und zum Teil
in Nachbildung gesammelt habe. Hier ist, genau wie bei der
dem Bacchusbade der Antike nachgebildeten Badeszene des neu-
geborenen Christkindes,[3]) die Fußbadeschüssel zur hochfüßigen

---

[1]) Robert, Sarkophag-Reliefs II, 139 B. und 203.
[2]) Furtwängler, Gemme 2483 und 4349.
[3]) Vergl. Ferd. Noack, Die Geburt Christi in der bildenden
Kunst bis zur Renaissance. Darmstadt 1899.

flachen Vase geworden. Ich gebe zum Vergleich eine dieser
Darstellungen auf einem Salzburger Evangeliar des zwölften
Jahrhunderts (Fig. 5) aus der Münchener Hof- und Staats-
bibliothek.

Noch eine andere griechische Sage stellt eine Fußwaschung
in den Mittelpunkt ihrer Peripetie, das Skiron-Abenteuer des

Fig. 4.
Fußbad des Odysseus. Chiusinisches Vasenbild.

Theseus, das uns von einem Räuber erzählt, der an der Meeres-
küste zwischen Attika und der Megaris sein Wesen trieb, Skiron,
der an enger felsiger Küstenstelle die des Weges ziehenden
Wanderer zwang, ihm die Füße zu waschen, und die nichts-
ahnend mit diesem Dienste Beschäftigten durch einen Fußtritt
vom Felsen ins Meer stürzte. Der attische Nationalheros,
Theseus, befreite die Gegend von dieser Landplage, indem er
den Riesen nach einer Lesart am Fuße erfaßte und vom Felsen

Fig. 5.
Fußwaschung Christi. Miniatur in einem Salzburger Evangeliar.

schleuderte, nach der anderen ihn mit der ehernen Fußwanne erschlug.

Griesgrämig sitzt der bärtige Geselle in einem Vasenbilde auf dem Felsen, vor ihm das flache, gehenkelte Badebecken mit dem stark eingezogenen, runden Fuße (Fig. 6). Den linken Fuß hat er auf den Rand des Waschbeckens gestellt, den rechten hält er über die Schüssel, dem knabenhaft vor ihm stehenden Helden zum Waschen ihn darbietend — eine Fußbadeszene, wie sie niedlicher und charakteristischer nicht gedacht und gezeichnet werden konnte.

Sehr geeignet für seinen Zweck will uns dies Gefäß nicht gerade scheinen. Der schmale, wenn auch niedrige Fuß führte bei der Verwendung gewiß leicht zum Umkippen der Schale und zum Verschütten ihres Inhaltes und doch hat sich gerade dieses Gefäß mit der kleinen Standfläche auf Darstellungen der Fußwaschung lange bildnerisch erhalten, wie wir sahen und noch sehen werden, und mir scheinen dabei nicht etwa nur künstlerische Bedürfnisse nach Grazie und Eleganz wirksam gewesen zu sein, sondern wirkliche Gebrauchsformen des täglichen Lebens wiedergegeben zu sein, wie ich noch zeigen werde.

Andere Darstellungen des Skiron-Abenteuers zeigen uns den Helden, wie er gewaltig im Schwunge das schwere dreifüßige Becken am Henkel hoch erhoben hat, bereit, es auf den Kopf des Missetäters niederzuschmettern, dessen abwehrende Rechte er zur Seite schiebt (Fig. 7), oder wie er an einem Fuß (Fig. 8) oder an beiden Beinen ihn gepackt hat (Fig. 9) und den an den Felsen sich Klammernden losreißt und in den Abgrund schleudert.

Auf keiner dieser, zum Teil von erstklassigen Künstlern gezeichneten Szenen ist das Badebecken vergessen, das dem Bilde

Fig. 6.

Fußbad des Skiron. Vasenbild.

erst die sichere Charakterisierung gibt. Seine Form wechselt wohl etwas nach dem Geschmacke des Künstlers, aber es sind doch stets dreifüßige Metallbecken, zierlich mit Henkeln zum

Fig. 7.
Theseus erschlägt den Skiron mit dem Fußbadebecken. Vasenbild.

Tragen versehen; nur im mittleren der drei Bilder haben die Löwenfüße die nach unserem Gefühl nötige Spannung oder Stehweite, um dem flachen Gefäße eine praktische Standfestigkeit

zu verleihen. Als ein zweckmäßiges Gebrauchsmöbel kann
zunächst nur dies eine uns gelten.[1])

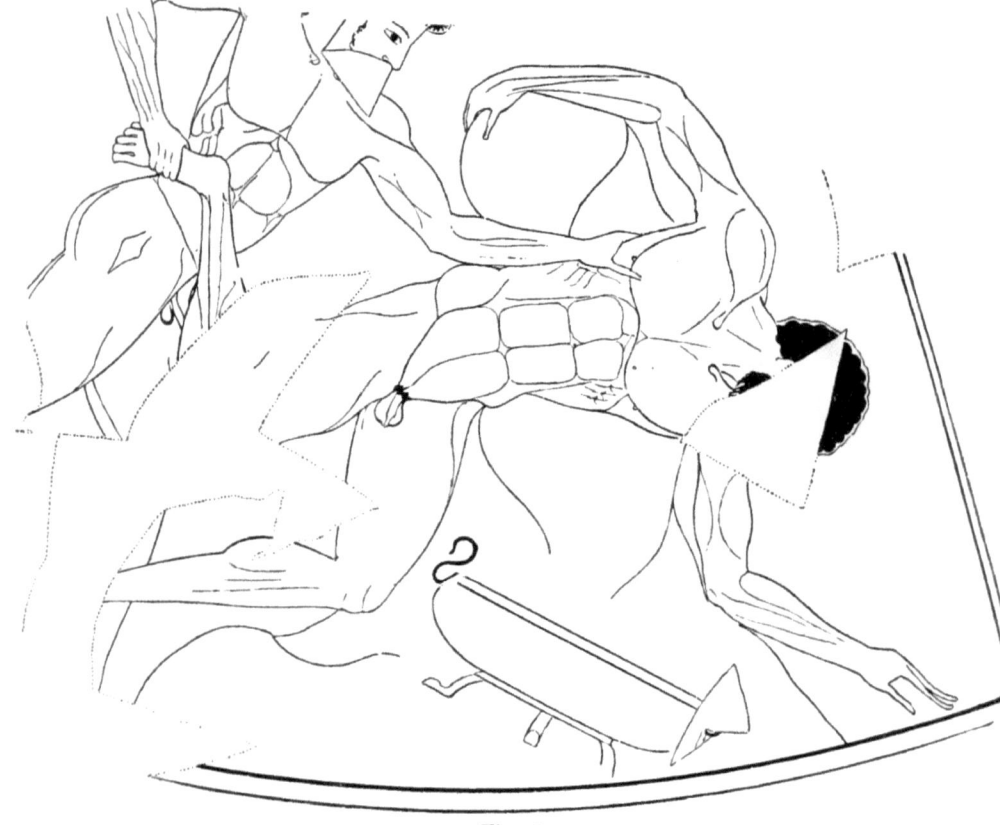

Fig. 8.
Theseus stürzt den Skiron in die Tiefe. Vasenbild.

Als Übergang von den Heldendarstellungen zu den schlichten
Genrebildern aus dem täglichen Leben, deren die Vasen so viele

---

[1]) Auch die sehr beschädigte Schale der Euphronios läßt ein
recht breites flaches Bronzebecken erkennen, das auf drei recht enge
gestellten Löwenfüßen ruht. (Siehe Wilhelm Klein, Euphronios,
Wien 1886, S. 194.)

und zum Teil entzückende uns bringen, sehen wir uns die drei mit intimer Toilette beschäftigten Frauen der Würzburger Phineus-Schale an (Fig. 10), die sich trotz der Palmenbäume zu beiden

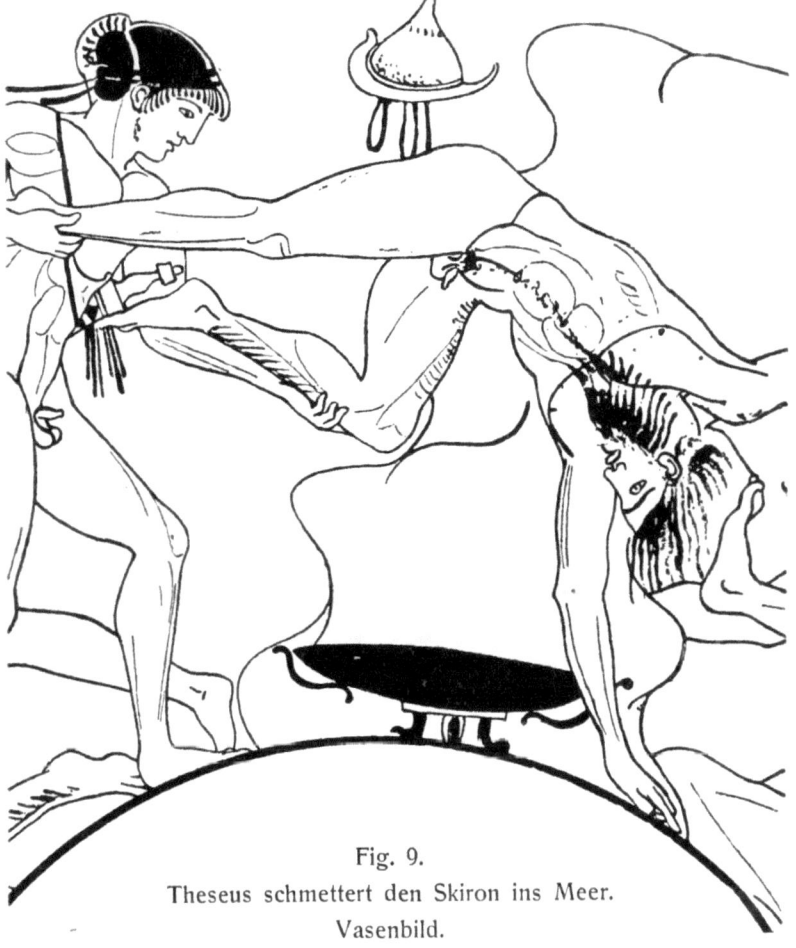

Fig. 9.
Theseus schmettert den Skiron ins Meer.
Vasenbild.

Seiten der Gruppe (und trotz der lüstern heranschleichenden, hier nicht mit abgebildeten Satyrn) doch wohl nicht völlig im Freien befinden, da sie doch ihre Gewänder an Pflöcken in der Wand aufgehängt haben. Nach Beendigung der Haarpflege in kunstvoller, vielflechtiger Frisur[1]) soll wohl die Fußwaschung in dem kleinen Becken vorgenommen werden, das unter dem ungewöhnlich tief, kaum in Hüfthöhe angebrachten Löwenmaulauslauf einer Wasserleitung steht. Doch ist diese Deutung nicht völlig einwandfrei. Das Gefäß selbst, die Waschschüssel,

Fig. 10.
Frauen bei der Toilette. Von der Phineus-Schale in Würzburg.

ist offenbar von Bronze gedacht und mit seinen auswärtsgebogenen Füßen dem Fußwännchen der Skironbilder recht ähnlich.

[1]) Daß sich auch die Frauen das Haupthaar durch einfaches Durchgießen von Wasser aus einer Kanne oder einem Kruge in Knie- oder Hockstellung zu reinigen pflegten, lassen andere Vasenbilder erkennen, die ich im zweiten Abschnitte vorführe. Ein Knabenbild in dieser Weise findet sich S. 21 unter Fig. 15.

Mitten in die Fußpflege hinein führt uns das Vasenbildchen
des Louvre (Saal G, Nr. 291), das wir unter Fig. 11 abbilden.
Er steht neben der niederen Fußbadewanne aus Bronze mit ver-
ziertem Dreifußuntergestell und Henkeln und der viel gebräuch-

Fig. 11.
Fußwaschung vor dem Marsche.   Vasenbild im Louvre.

lichen «Lieblingsinschrift» $\varkappa\alpha\lambda\acute{\upsilon}\varsigma$ und drückt mit beiden Händen
den Schwamm aus, der ihm zur Reinigung der Füße gedient
hat. Die Sandalen hängen gebrauchsfertig an Wandhaken und
sollen sofort angelegt werden, um den Jüngling marschfertig zu

machen, wie auch der hinter ihm unterhalb der runden, geld-
beutelförmigen Ölflasche (Aryballos) und dem Strigilis an der
Wand lehnende Wanderstab andeutet und die zweite Inschrift

Fig. 12.
Knabe beim Bade. Vasenbild (München).

ἔρχεται, «er macht sich zum Marsche fertig» zwischen dem
Jüngling und seinen Sandalen noch besonders betont.

Nicht so sicher auf das Fußbad zu deuten ist die Knaben-
szene im Grunde einer Münchener Schale (Fig. 12), welche den

Fig. 13.

Mägde am Waschtrog. Vase im Louvre.

Jungen in halb hockender Stellung neben einem hohen Wasch-
napfe zeigt, der an eine Waschbütte erinnert, wie sie z. B. Abbildung 13 von einer Vase des Louvre (Saal G, 547) in nied-

Fig. 14.
Mädchen, nach dem Fußbade die Sandalen anlegend.
Vasenbild (Berlin).

licher Szene zweier Mädchen, geschürzt bei der Wäsche uns
vorführt. Eine Badeszene ist das Münchener Bild zweifellos,
das beweist schon der an der Wand hängende Badebedarf; und
daß auch auf einigen Darstellungen des Fußbades des Odysseus

solch tiefe, napfförmige Gefäße als Fußwannen sich finden, habe ich schon oben angedeutet.

Eben die Toilette der Füße beendigt hat das junge Weib im Grunde einer Berliner Vase (Nr. 2272) und ist nun mit dem Anlegen der Sandalen in fast knieender Stellung beschäftigt (Fig. 14) neben ihrer ehernen Fußbadewanne, die in der Form

Fig. 15.
Epheben im Baderaum der Palästra. Vasenbild im Brit. Museum.

lebhaft an die Badeschüssel des ersten Skironbildes (Fig. 6) erinnert: ein niederer runder Fuß, etwas schmal in der Standfläche für das große, mit Henkeln versehene Becken, das in seiner Stabilität einigermaßen zweifelhaft sich darstellt.

Keinerlei Bedenken in dieser Hinsicht erweckt die Fußwanne unseres letzten Bildes (Fig. 15), das den ganzen Badeapparat der Epheben im Baderaum der Palästra uns vorführt: Kopfübergießung zur Reinigung des Haares, das große, hochstehende,

tischartige Waschbecken zur allgemeinen Körperreinigung (der
«Luter») und die geräumige Fußbadewanne vorn am Boden,
die das praktischste Gefäß zu diesem Zwecke darstellt, das man
sich denken kann, in das man sich zur Not mit beiden Füßen
hineinstellen konnte, um sich dieselben zu reinigen. Freilich
zum bequemen Ausgießen dieses großen niederen Beckens waren
wohl vielfach zwei Mann erforderlich, um es gefüllt zu heben
und in die Ausgußrinne am Boden des Waschraumes zu entleeren, während man es aus dem Henkelkrug an der Kette leicht
zu füllen in der Lage war, der auch zur Kopfdouche Verwendung
fand; wir kommen in einem späteren Artikel auf das ganze Bild
der Epheben beim kalten Bade aus dem Britischen Museum (E. 83)
noch einmal zurück. Für diesmal wollte ich nur auf die Fußwanne hingewiesen haben, die in der Form dem ersten kleinen
kyprischen Wännlein am nächsten steht. Mag sein, daß man
zum Privatgebrauch in dem Waschraume des Hauses die schweren
bronzenen Fußwannen eben deshalb auf so schmalen Untersatz
oder enggestellte Füße setzte, damit sie durch seitliches Umkippen
auf die Abflußrinne im gepflasterten Estrich leicht entleert werden
konnten. Hatten sie doch schon leer ein respektables Gewicht,
geschweige gefüllt mit reichlichem Wasser.

Daß man warmes Wasser zum Fußbade verwendet hätte,
dafür gibt uns keines der hier gegebenen Bildchen und kein
anderes mir bekanntes einen Anhalt. Es will uns auch für süd-
liche Verhältnisse und das Griechenland des fünften vorchrist-
lichen Jahrhunderts, dem die meisten Vasenbilder angehören,
nicht gerade sehr wahrscheinlich dünken. In der Palästra, wie
das letzte Bild es darstellt, kam das Wasser auch für die Fußwaschung bestimmt kalt vom Brunnen weg zur Verwendung.

II.

Am Waschtisch.

elchen Kraftaufwand die Leerung der Fußbadeschüssel, des Podanipter, erforderte, führt uns lebhaft und lebendig ein Kylix des Hermaios vor Augen in der Vasensammlung des Britischen Museums (E. 34). Das Dämchen (Fig. 16) braucht die volle Kraft ihrer wohlentwickelten Arme, um das schwere, vierhenkelige Bronzegefäß über einen der drei schlanken Löwenfüße zu kippen. Die völlige Nacktheit der Frau und die Einhüllung des Haars in eine Bademütze legt aber auch die Vermutung recht nahe, daß hier noch mehr ge-waschen worden ist oder nach Neufüllung des Gefäßes gewaschen werden sollte als bloß die Füße. Und es ist denn auch ohne weiteres zuzugeben, daß die Fußbadeschüsseln und -wannen verschiedenster Größe und Form auch zur Waschung des übrigen Körpers dienen konnten, wie das auch Bild 10 schon wahrscheinlich machte. Wenn wir unter dem Bette des Prokrustes eine solche Wanne mit drei Füßen und vier Henkeln stehen sehen (Fig. 17), so mag man das als Waschschüssel im allgemeinen bezeichnen, trotzdem die Benennung ποδανιπτήρ seine vorwiegende Verwendung als Fußwanne schon festzulegen

scheint.[1]) Nur einmal fand ich die flache Fußwanne als Hand-
becken im Gebrauch gezeichnet auf einer Vase im Britischen
Museum (E. 32), deren beschädigter Zustand dennoch mit größter

Fig. 16.

[1]) Solche und auch andere Schüsseln (z. B. ähnlich der in Fig. 13)
finden sich gelegentlich auf übermütigen und lasziven Darstellungen
als Urinale verwandt (in den Sammlungen des Louvre, des Berliner
Museums und weiland Branteghem), doch waren die spezifisch hierfür
bestimmten auffangenden Gefäße (Skaphion, Lasanon) anders geformt
(vgl. Studien zur Geschichte der Medizin, Heft 5/6, S. 157 ff.). Die
Verwendung des Podanipter zu diesem Zweck auf Hetärenbildern beweist also nur die weite Verbreitung dieses flachen Gefäßes schon im
5. Jahrhundert v. Chr., besonders an der Beobachtung gemessen, daß
trunkene Männer auf Vasen vielfach den Weinkrug als Harnrezipienten
benutzend dargestellt sind.

Wahrscheinlichkeit erkennen läßt, daß der junge Mann als dritten Stützpunkt für das Becken, in dem er sich Hände und Unterarme waschen will, außer seinen beiden Oberschenkeln ein Kissen benutzt, das er zwischen die Knie geklemmt hat — eine Position, die sich nicht durch beneidenswerte Bequemlichkeit auszeichnet (Fig. 18), aber doch nicht ausgeklügelt, sondern als Augenblicksbild der Wirklichkeit entnommen ist.

Fig. 17.

Hockende weibliche Figuren, nackt, oft mit dem Schwamm in der Hand, z. B. Fig. 19 aus der Münchener Vasensammlung (1087), zwingen nicht unbedingt zur Annahme eines tiefstehend flachen Gefäßes als ergänzende Badeschüssel, wenn auch gerade dieses Bild mit Bademütze dafür besonders zu sprechen scheint. In einigen Fällen ist bestimmt ein Bad an einer Quelle im Freien dargestellt, wie auf der feinen Elfenbeingravierung (Fig. 20) des Britischen Museums, auf welcher ein Mädchen hinter einer Terrainerhöhung halb verborgen vor einem Wasserauslauf in Tierhauptform kauert, der seine Flut in ein unregelmäßig umrandetes Naturbecken ergießt.

Ein Vasenbild derselben Sammlung (E. 424) führt uns zum Bade der Thetis am Meeresstrande. Links hockt die Heroine in blendender Weiße (Fig. 21a), ihr gegenüber rechts die blühende Dienerin in gleicher Pose, das Badegewand oder Badelinnen auf den erhobenen Händen dem Winke bereit haltend

(Fig. 21 b), hinter der knieenden Herrin ein Seepferd, vor den Füßen der Dienerin ein spielender Delphin als Determinativa der ganzen Szene — ein antikes Seebad.

Fig. 18.

Eine andere, häufig dargestellte Szene bildet eine am Boden kauernde nackte Frau, über deren offenes Haar eine (meistens bekleidete) neben ihr stehende Badegehilfin eine Kanne mit Wasser ausgießt, wie auf einer Petersburger Pelike (Fig. 22). Diese Wasserkanne oder Gießkanne, die Arytaina, hat im

Petersburger Vasenbilde die Form, welche wir im dritten Abschnitte unserer Untersuchung als enghalsigen Krug zum Wasserholen wiederfinden werden. Um in stärkerem Gusse Wasser in gleichmäßigem Fließen durch verstaubte lange Frauenhaare zu schütten, war es um seines engen Halses willen aber recht

Fig. 19.

wenig geeignet. Noch heute scheinen die Archäologen von Fach über die Form der Arytaina nicht völlig einig zu sein. Vorübergehend haben gar einzelne Autoren unter Mißverständnis einer Aristophanesstelle die Arytaina als ein ganz kleines Gefäß und den Aryballos als ein großes Gießgefäß aufgefaßt, statt umgekehrt.[1]

---

[1] Das «Aryein», Gießen, steckt in beiden Wortbildungen.

Der in seiner Form einem Lederbeutel (Geldbeutel) ähnelnde
Aryballos war ein rundliches oder längliches Gefäß meist ohne
Fuß, das man vielfach an einer Schnur trug oder auch an ihr
an die Wand hängte (siehe Fig. 11 links). Die Arytaina war
ein großes krugartiges oder kannenartiges Gefäß mit weitem,

Fig. 20.

vermutlich schief, also
schnaubenartig oder
schnabelartig, abge-
stutztem Ausguß und
zweifellos von allge-
mein verbreiteter, ganz
bestimmter, überall
ziemlich gleicher, kon-
ventioneller Form, sonst
hätten die alexandrini-
schen Anatomen nicht
einen Kehlkopfknorpel
«gießkannenähnlich»
($ἀρυταινοειδής$) nennen
können. Sollte man denn nicht, da die klassische Archäologie
sich über die Form der Arytaina nicht einigen kann, nun einmal
umgekehrt verfahren können und die menschliche Anatomie als
Belehrungsquelle für antike Privataltertümer benutzen können?
Ich setze also im Interesse der archäologischen Fachleute ein Bild
des heute noch ebenso wie vor 2000 Jahren gestalteten betreffenden Kehlkopfknorpels hierher. (Fig. 23)[1]. Ich denke die
Fachleute aus dem anderen Lager werden mir zustimmen, daß

---

[1] Ich verdanke die Vorlage zu dieser Figur der Liebenswürdigkeit des Herrn Kollegen Spalteholz hier in Leipzig. So sauber
präpariert haben die Alten die Knorpel wohl nicht, so daß die Formen,
die sie sahen, etwas verschwommener waren.

ähnlich geformte Kannen aus trojanischen und mykenischen Ausgrabungen, also aus frühgriechischer Zeit schon bekannt sind,
ebenso aus späterer. Vielleicht nützt die Anatomie auf diesem
Umwege einmal den «Hausaltertümern».

*   *   *

Kauernde Frauen, die sich das Haar waschen, finden wir
nicht selten auch auf Badeszenen etruskischer Bronzespiegel

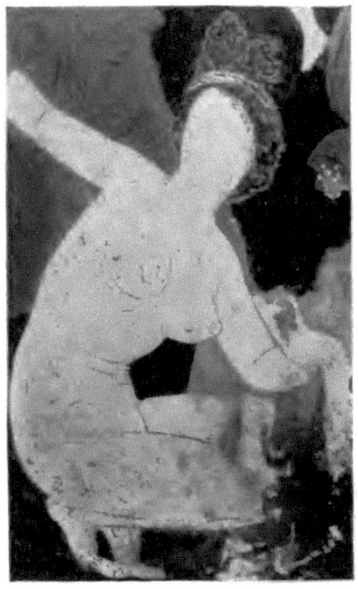

Fig. 21a.   Fig. 21b.

oder Spiegelkapseln. Dann ist aber ganz gewöhnlich auch
daneben etwas anderes zu sehen, ein Badebecken auf hohen
Füßen, ein Badetisch (Fig. 24). Ähnlich war es auch im
Griechenlande des 5. Jahrhunderts vor Chr. zur Zeit der Blüte
der attischen Vasenmalerei. Unbequemlichkeiten, wie sie uns
Fig. 18 vorführt, zeigen uns förmlich, wie das Bedürfnis jedes
Tages drängend dazu führte, an Stellen, wo man sich gewohn-

heitsgemäß zu waschen pflegte, im offenen oder überdeckten Wasch- bzw. Baderaum des feinen größeren Privathauses, in der Palästra, im öffentlichen Badehause, Becken auf hohen Füßen oder

Fig. 22.

Wandbecken in Hüfthöhe anzubringen oder einen Untersatz auf einer oder mehreren Säulenstützen zu schaffen, auf dem man in einer gewissen (konventionellen, wenn auch etwas wechselnden) Höhe das Becken beweglich aufstellen konnte, wobei man gewiß auch auf die Bequemlichkeit des Füllens und Entleerens ausgiebig Rücksicht nahm. Eine ganze Reihe von Formen und Gebrauchsweisen und Einrichtungen kamen gewiß nebeneinander vor, die ich zum Teil ja eben angedeutet habe. Vielleicht ist

Fig. 24.

die Form des in Stein gehöhlten oder in Erz gegossenen Beckens auf schlankem Fuße nur deswegen die weitaus am meisten dargestellte, weil sie an sich die graziöseste ist, während allerdings die selteneren plumpen Formen des Beckens und seines Untergestells wieder den schlanken Frauen- und Jünglingsleibern und -gliedern als hebender Kontrast dienen.

Fig. 23.

Als erster Repräsentant des plumpen, massigen Steinbeckens auf niederem, säulenartig kanelliertem Fuße mag Figur 25 gelten, das Innenbild einer feinen Schale (E. 32) im Britischen Museum in London. Um ganz bequem zu sein zum Waschen der Hände und Arme, könnte das Becken dieses Waschtisches, dieses Luter (*Λουτήρ*), wie man ihn nennt, etwas höher stehen, über den sich der elegante Körper dieses vollbusigen jungen Weibes mit der Bademütze auf dem vollen Haupthaar niederbeugt, während man dem Büblein, das die Arme in das Becken (für die «Großen», die Erwachsenen) auf der Kanne (E. 653) der nämlichen Sammlung getaucht hat (Fig. 26), sicher einen weniger hohen Beckenfuß wünschen möchte, zumal man, wie wir noch sehen werden, auch noch andere Körperteile in dem Becken oder aus dem Becken zu waschen pflegte. Es konnte aber doch auch von vornherein nicht zweifelhaft sein, daß diese Luter-Becken nicht nur als Handwaschschüsseln gedacht waren und gebraucht wurden.

Fig. 26.

Fig. 25.

Das normale und im wesentlichen auch konventionelle Höhenverhältnis gibt uns Figur 27 vom Schalenrand eines flachen Bechers in der reichen Vasensammlung des Louvre (G. 291).

Fig. 27.

Um eine in ihren Ausmaßen etwas beschränkte flache Schale auf schlichtem, vielleicht gemauertem Fuße sehen wir vier nackte Epheben, deren zwei noch mit dem Waschen ihres Körpers beschäftigt sind. Sie haben die Arme bis zum Ellbogen in die

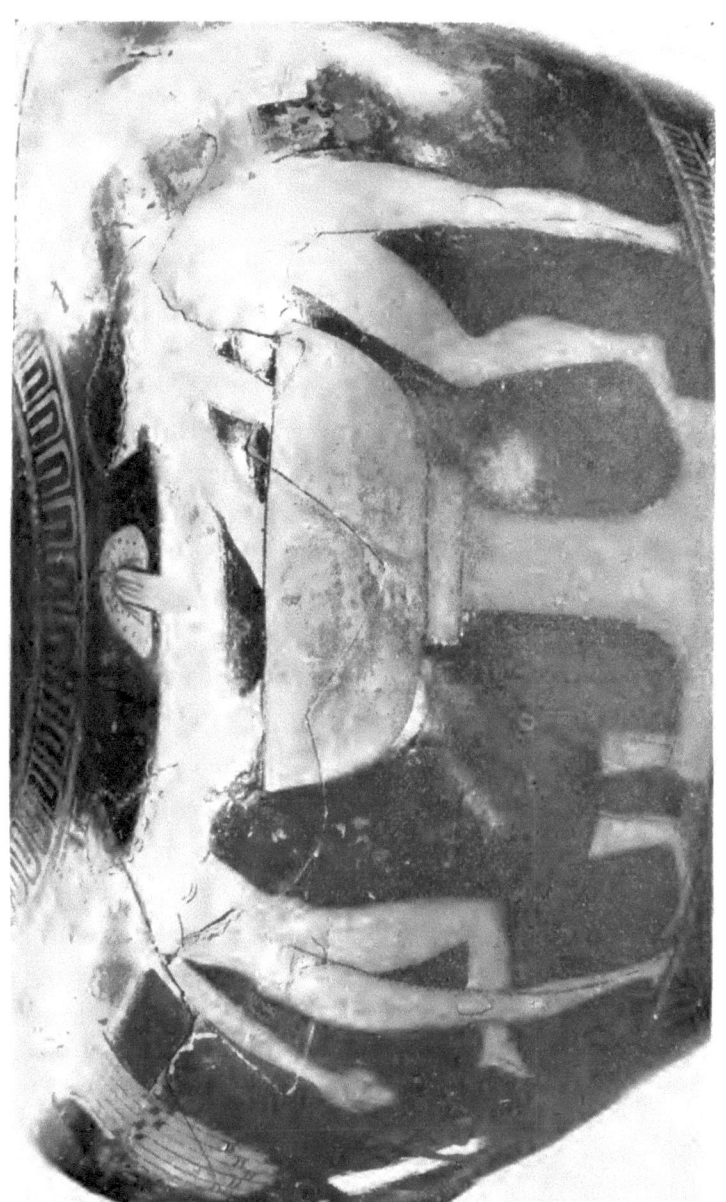

Fig. 28.

Schüssel gelegt, die ihnen bis zur Hüfthöhe reicht. Auffallend ist, nebenbei bemerkt, die fast völlige Übereinstimmung der Linien des sich vorneigenden Jünglingskörpers links mit dem Mädchenkörper der Nr. 25. Der griechische Maler des 5. Jahrhunderts war wohl nur spärlich in der Lage, weibliche Aktstudien zu machen, obgleich man hier eher sagen könnte, die Jünglingskörper seien zu weich und voll gehalten, als der Mädchenkörper habe zu männliche Formen, was aber uneingeschränkt von dem folgenden Bilde gilt, das einer hohen rotfigurigen Vase des Britischen Museums (E. 201) entstammt: schlanke, schmalhüftige Jünglingskörper mit langen Beinen, etwas dünnen Oberschenkeln, stark seitlich auseinandergeschobenen Brüsten und zum dunkeln Haupthaar stimmender pigmentierter «Linea alba».

Am großen tiefen Waschtischbecken des Frauengemachs sind zwei unbekleidete Mädchen eifrig beschäftigt (Fig. 28). Ihr Gewand hängt hinter jeder hoch an der Wand, zwischen beiden gleichfalls hoch aufgehängt ein Schwamm und das unentbehrliche längliche Salbgefäß, der Aryballos. Beiden fluten die Haare in reichen Wellen über Schulter und Rücken; diese sind also wohl schon aus der Bademütze (Fig. 25) gelöst, die man wohl im Waschraum des Hauses nur deshalb anlegte, um nicht beständig im Hantieren durch die niedersinkenden Haarsträhne gestört zu sein. Vielleicht hatte das Mädchen zur Linken, übers Becken geneigt, die Haare des hübschen Hauptes schon unter Ausdrücken des Schwammes über dem Scheitel durchströmt und läßt sie jetzt frei im Nacken und auf dem Rücken trocknen, während sie als letzten Akt des Badedramas die Füße mit dem Schwamm im Stehen (nochmals?) von Sand und Steinchen des Estrichs reinigt, ehe sie in die schon bereitstehenden Schnabelschuhe gesteckt werden.

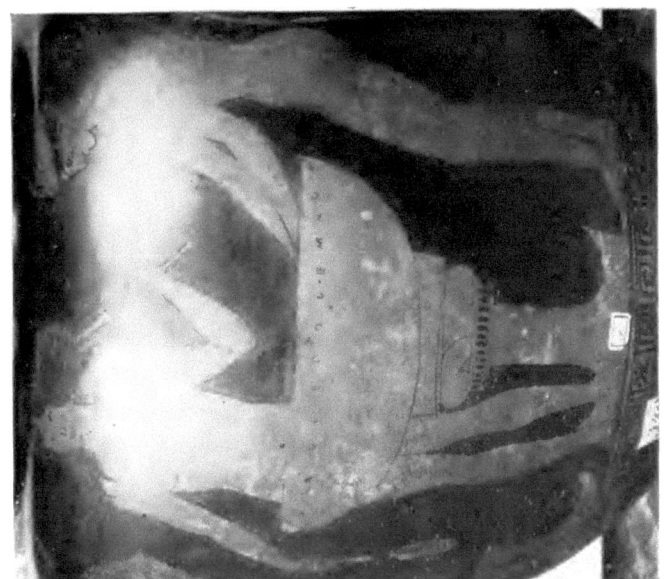

Fig. 29 b.

Fig. 29 a.

Die nämlichen (Bade-?) Schuhe finden wir auf einer kunst-
vollen Münchener Vase des Polemainetos dargestellt, (Kgl.
Vasensammlung Nr. 349 [2411]), die uns drei nicht minder
jünglingartig schmalhüftige reife Mädchen am Luter zeigt
(Fig. 29a und 29b). Namentlich die mittlere ist uns interessant
in ihrem Tun. Mit einem langen, an beiden Enden abgerundeten
Stäbchen lockert sie ihr Haar oder hält sie es gelockert zum
Trocknen vom Kopfe ab; den Kamm scheint sie in der ge-
strekten Rechten zu halten, darunter schwebt, die baldige Verwendung andeutend, das unvermeidliche Salbölfläschchen mit der
platten Mündung und durch deren Ösen gezogenen Binde-
schnüren. Das Dämchen zur Linken, im Profil in aufrechter
Haltung gezeichnet, hat die Haare schon notdürftig getrocknet
und mit einer Binde umwunden; schlicht hängen die Enden
noch offen und unfrisiert über den Rücken, und schon will sie
die Tunika übernehmen, während das Mädchen zur Rechten
(Fig. 29b) die Badetätigkeit eben mit Händewaschen und
Schwammherrichten beginnt; die Haare sind noch ungelöst in
fertiger Frisur, die apotropäisch gewiß überaus nützliche, wenn
auch in ihrem sicheren Sitze etwas gefährdete, Amulettschnur
über dem linken Knie ist noch ungelöst, was alles beim Fort-
schreiten der Waschhandlung mit der Zeit noch nachgeholt
wurde.

Fast das nämliche kann von Fig. 30 gesagt werden, die einer
kleinen rotfigurigen Vase der reichen Sammlung im Berliner
Museum entstammt. Das Mädchen rechts ist genau auf der
nämlichen Etappe wie das Mädchen der Figur 29b, seine
Handhaltung legt die Vermutung nahe, daß eben in den flachen
Händen das Gesicht gespült werden sollte, ein Schwamm ist in
der Hand nicht zu erkennen; das Mädchen links hat vor dem
Spiegel in der Linken seine Haare zur Frisur bereits geordnet.

Die Waschbecken selbst geben in allen unseren Bildern seit Fig. 28 zu Bemerkungen wenig Veranlassung; alle sind sie mehr plump und schwer, die Schalen sind wohl alle aus Marmor oder Kalkstein gehöhlt, der Fuß wohl großenteils aufgemauert und verputzt; wenigstens scheint dafür die Kopfplatte der Stützsäule in Fig. 28 und 29 zu sprechen, während Fig. 29 im übrigen wohl als Steinmetzarbeit gedacht ist, ebenso der Fuß von Figur 30. Die Säulenbasis ist auf allen 3 Bildern völlig gleich behandelt: um den Zentralpfeiler läuft eine flache ringförmige Vertiefung mit erhöhtem Rande. Doch ist auf das ganze

Fig. 30.

Detail des Beckens und seiner Stützen so wenig Wert gelegt, daß man höchstens erraten kann, was der Künstler im Sinne hatte.

Weit mehr Einzelheiten in der Architektonik des Beckenfußes bringt Bild 31 in Kanellierung, Profilierung und Delphinverzierung. Der Künstler läßt uns auf diesem Bilde, einer Hydria der Vasensammlung des Louvre (G. 554) in das flache Becken hineinsehen, in welches, anscheinend aus einem Tierhaupt an der Mauer, ein Wasserstrahl im Bogen sich ergießt. Eine Abflußstelle des Wassers ist in der Mitte des Beckens nicht kenntlich gemacht.[1]) Der späte geringere Künstler zeigt uns rechts am Becken eine Frau, die eben mit ihrer Waschtoilette beginnt; hinter ihr steht ein Mädchen mit hochgeknotetem Haare, das sich mit dem Schwamm die Füße wäscht, durch die Unbequemlichkeit ihrer Pose offensichtlich demonstrierend, wie

Fig. 31.

notwendig der Podanipter neben dem Luter in Gebrauch gezogen werden mußte. Die Schöne zur Linken ringt ihr Haar über demselben Becken aus.

＊　　＊　　＊

In edlerer Zeichnung demonstriert uns die nämliche Tätigkeit das reife Weib zur Linken auf unserer Figur 32, das den Schwamm in der linken Hand eben im Becken wieder mit

---

[1]) Wir kommen auf diese Frage im nächsten Abschnitte eingehend zu sprechen.

Wasser sich vollsaugen läßt, während die rechte Hand Staub
und Wasser aus den Strähnen zurück in die Wasserschale
streift. Leider habe ich dies Bild der ehemaligen Kollektion
Hamilton bis heute im Original nicht wieder aufzufinden ver-
mocht und gebe es daher in einer alten Tischbeinschen Umrißzeichnung, die auch in
der sexuellen Aus- oder
Umprägung der Gestalt
bewußt oder unbewußt
das antike Original
«verbesserte». Das
nämliche gilt natürlich
auch von der weib-
lichen Figur zur Rech-
ten, welche auf dem
Rande eines Wand-
tisches sitzend, die
Haare in einer Bade-
mütze, die die Spitzen
der Strähne freiläßt,
niedere Badeschuhe an
den Füßen, mit dem

Fig. 32.

Schwamm ihren Mittelkörper wäscht, eine kaum unentbehrliche,
weil als selbstverständlich zu erwartende, neue Ergänzung unserer
sämtlichen andern Darstellungen, die uns aber zu der Schluß-
konstatierung berechtigt: im Luter, am Waschtisch wurde mit
dem Schwamm und mit den Händen der ganze Körper einer
sukzessiven Reinigung unterzogen. Für den letztgezeigten Zweck
wäre ein Waschbecken zweifellos geeigneter gewesen, welches,
wie unser Bidet, auf wesentlich niederen Füßen steht. Auch
solche finden wir in größerem Ausmaße gelegentlich dargestellt,

z. B. auf einem Trinkhorn (G. 192) des Britischen Museums als Elfenbeinschnitzerei und einer bronzenen Spiegelkapsel des Louvre, deren Reproduktion ich unterlasse. Eine Frühterrakotte der ersteren Sammlung (B. 234) mag zeigen, wie man auch einen

Fig. 33.

Backtrog oder richtiger gesagt ein Teigknetebecken schon zu Beginn des letzten Jahrtausends vor unserer Zeitrechnung auf Füße stellte, wenn man sich auch in der Wirklichkeit des früh-griechischen Lebens Fuß (Tisch) und Becken der Fig. 33 wohl als gesondert vorstellen muß. Man mag also immerhin mit

den hochgestellten Becken in der Beurteilung etwas vorsichtig
sein, ganz abgesehen von ihrer häufigen Verwendung im
Mysterienkult, von der ich hier nicht weiter spreche, wenn sie
auch dem Badezwecke nahe verwandt ist.

Bei Fig. 32 hat man sich den Luter wohl ganz aus Bronzeguß hergestellt zu denken, aber auch diese Form, die sich
meines Wissens in den Antikensammlungen nirgends im Original
erhalten findet,[1]) war als Gerät naturgemäß von so gewaltigem
Gewicht, daß ihre potentielle Beweglichkeit praktisch zur Unbe-
weglichkeit wurde, die man durch irgendeine Art von Befestigung über einem Ablauf oder einem Versenkkanal nebenbei
gewiß noch verstärkte; denn wehe den ungeschützten Füßen
seiner Benutzer, auf welche etwa der Rand eines solchen Beckens
beim Umstürzen niederkrachte!

[1]) Auf die kleinen Terrakottabecken auf hohem Fuße aus Epidauros
gehe ich später einmal näher ein.

III.

Im öffentlichen Bade.

uf einem aufgemauerten oder in Haustein hergestellten oder sonstwie getrennt von dem gehöhlten Becken aus Stein oder Bronzeguß angefertigten Fuße, der jedenfalls gleich der Schale in den meisten Fällen mit einem zentralen Ablaufkanal versehen war, über einer Ablaufrinne, einer «Versenk», in einem zum Baden oder Waschen ausschließlich oder doch vorwiegend bestimmten Raume aufgestellt — so haben wir uns den Luter, das hochstehende Waschbecken, den Waschtisch, zu denken. Aber auch wenn das Becken in einem Stücke mit dem Fuße in Bronzeguß hergestellt war, galt wohl das Gleiche. Man konnte meist wohl von allen Seiten frei um das Becken herumgehn; eine andere Form scheinen die Vasenbilder uns nicht zu überliefern. In einigen Fällen sind wir aber doch zu der Annahme gezwungen, daß das Becken der Wand einseitig genähert stand, wenn es sie nicht gar tangential berührte, in den Fällen, in welchen der Wasserzufluß (kontinuierlich oder intermittierend) aus einer Leitungsöffnung an der Wand in das Waschbecken strömte, wie wir das schon in Bild 31 gesehen haben. Meist hat dieser Wasserleitungsauslauf die Gestalt eines Tierhauptes, wie sie die

Spiegelkapsel Fig. 24 uns vorführt. Es kommen aber auch andere Formen vor. Ein Fischkopf an der Wand läßt z. B. auf Fig. 34, nach einer Vase des Museo nazionale in Neapel Nr. 3038 (1446), das Wasser in ein großes plumpes Becken, uns schon bekannter Form, fließen, an welchem zur Linken eine

Fig. 34.

völlig nackte schlanke Schöne steht, die Haarfrisur noch un-gelöst, eben mit dem Waschen der Hände beginnend, während die bekleidete junge Frau zur Rechten sich nur die Hände im Wasserstrahl zu kühlen scheint; die zwischen beiden hängende Bademütze dürfte von der Badenden zur Linken noch in Benutzung genommen werden (siehe Abschnitt II). Einen Löwen-maulausfluß, anscheinend in Felsen gehauen, sehen wir auf Fig. 35, welche einer Vase der nämlichen Sammlung, Nr. 2848

(2526) entnommen ist. Hier scheint der Ausfluß vorübergehend gehemmt zu sein, wie man wohl auch den Auslauf aus dem Becken durch die zentrale Öffnung mittels eines Pfropfes aus Metall, Holz oder Stein beim Waschen unterbrach. Das reich verzierte Becken, über welches sich die mit Perlenschnüren um

Fig. 35.

Hals, Busen, Arme und linken Oberschenkel geschmückte[1]), sonst nackte Frau beugt, hat hier eine besonders niedere Form, zu Ganz-waschungen des Kör-pers vorzüglich geeig-net; das Gewand der Badenden liegt auf einer Säule hinter ihr. Viel-leicht waren die niede-ren Pfosten, wie wir sie manchmal hinter Badenden finden — z. B. bei dem stämmi-gen Jüngling in Schale 2598 (2333) des Museums in Neapel, der mit erhobenem Xyster (Strigilis) vor dem Waschtische steht (Fig. 36) — für den

[1]) Daß die Frauen ihre Perlen- oder bunten Steinketten im öffent-lichen Bade nicht ablegten, zeigt uns neben vielen Vasenbildern, wie wir noch sehen werden, ein Badepapyrus aus Magdôla vom Jahre 221 v. Chr., wo eine Frau gelegentlich des Berichtes über Mißhandlungen seitens einer Mitbadenden erzählt, wie sie auch auf ihre Halskette von bunten Steinen geschlagen worden sei. Vgl. meine Studie über »Medizinisches aus Papyrusurkunden«, Leipzig 1909 S. 87 f.

nämlichen Zweck eines Kleiderhalters oder Mantelstockes bestimmt. Wäre der Bronzeluter auf hohem Fuße nicht so schwer,
so könnte man wohl annehmen, daß man sich ihn zum Gebrauche unter den Wasserauslauf geschoben habe, wie die schön-
frisierte nackte Frau ihren Podanipter mit hohen steifen Füßen
auf Bild 37 (nach Nr. 404 in der Sammlung Santangelo im

Fig. 36.

Museo Nazionale in Neapel) unter das Pantherhaupt, aus welchem
Wasser auf die Hände der daneben Knieenden strömt, deren
Gewand hinter ihr am Boden liegt.

Es sind auch Becken auf Vasenbildern zu sehen, in welche
aus mehreren Wandöffnungen Wasser sich zu ergießen scheint
(z. B. Nr. 2840 des Neapeler Museums). Immerhin sind die
Becken mit Zufluß aus Wandöffnungen bei weitem die Ausnahme, und eine Reihe von Bildern bringen uns den Beleg,

daß man das Wasser zum niederen oder hohen Becken herbeitrug und in die Waschschüssel goß. Bei dieser Tätigkeit können wir auf Bild 38 ein Mägdelein belauschen, das ein Künstler aus der Schule des Brygos in das Innere einer Schale mit Lieblings- inschrift gemalt hat, die sich weiland in der Sammlung van Branteghem in Brüssel befand. Schon völlig entkleidet, das

Fig. 37.

Haar noch mit schmaler Binde umwunden, schleppt die Kleine, ihr zusammengerolltes Gewand auf dem linken Arme, in der Rechten einen mächtigen Wassereimer (situla) heran zu dem schönen Bronzebecken mit Schlangenkopfhenkeln und hohen Greifenfüßen. Der Podanipter, fast so hoch wie der Luter im Bild 35, soll hier zweifellos zur Waschung des ganzen Körpers Verwendung finden.

Ist auch Bild 39 aus dem Innern einer Schale Nr. 2581 (1902) des Museums in Neapel halb symbolisch gehalten, so ist doch der Wasser in das hochfüßige Badebecken aus großem Kruge zu gießende geflügelte Genius nur ein Abbild des dienstbaren Gehilfen im täglichen Leben, der Badedienerin [1]); denn die beiden nackten Frauen mit Halsketten und Amulett-

Fig. 38.

schnüren um Brust und linken Oberschenkel und halbgeöffneten Haaren sind ganz reelle Badende; das beweisen schon die

---

[1]) Daß auch im öffentlichen Frauenbade männliche Badediener beschäftigt waren, zeigt uns ein anderer Badepapyrus aus Magdôla vom Jahre 220 v. Chr. a. a. O. S. 89 f., wo der Parachyt Petechon eine Badende aus einer Gießkanne (Arytaina) mit heißem Wasser begossen und verbrüht hatte; er zeigt uns zugleich, daß man schon im 3. Jahrhundert v. Chr. in Unterägypten warm badete.

niederen Badeschuhe, die sie beide tragen, völlig gleich denen
der sitzenden Genitalwaschenden auf Fig. 32 des vorigen Abschnittes. Durchaus einwandfrei tut uns das aber ein anderes Bild

Fig. 39.

kund, das wir nach einer Tischbeinschen Aquarellskizze wiedergeben (Fig. 40). Wir sehen hier vier Jünglinge (Epheben) am
Badetische. Der mittelste, hinter dem Becken stehend, bearbeitet

sich mit dem Striegel, ein anderer, links leicht vorgebogen, streckt die Hände über das Tischbecken, während ihm von rechts ein dritter Wasser aus einem Henkeleimer zu- oder über

Fig. 40.

die Hände schüttet. An der Wand hängt links ein Aryballos (Ölflasche) und ein Striegel. Der Apparat über dem Wasser gießenden Jüngling ist vielleicht eine Rolle, über welche man Wasser aus der Zysterne an einem Seile aufzog. Die beiden

Strickenden, deren eines dem Jüngling noch übers Bein hängt, scheinen jedenfalls dafür zu sprechen. Vermutlich hat Tisch-

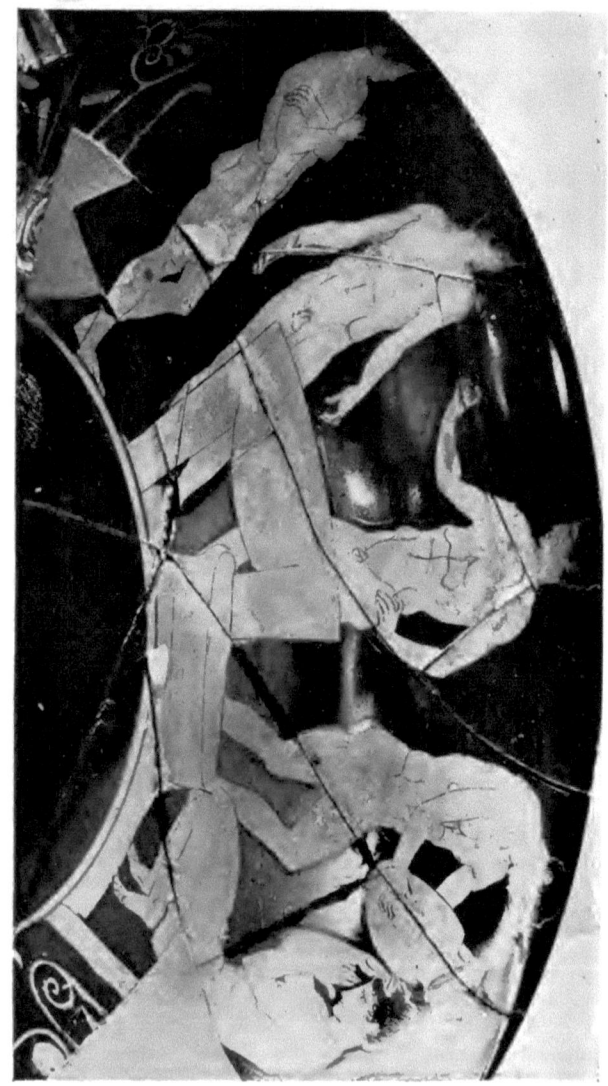

Fig. 41.

bein in dieser Kleinigkeit seine Vorlage mißverstanden; leider habe ich das Original, dessen Verbleib ich nicht kenne, noch nicht zu Gesichte bekommen. Diese Darstellung steht dem Bilde am Rande einer flachen Londoner Schale sehr nahe, dessen eine Hälfte wir in Fig. 15 schon reproduziert haben, während wir in Fig. 41 das Ganze wiedergeben. Ganz rechts hockt einer von 5 Epheben im Brunnenhause des Baderaumes der Palästra und läßt sich Kopf und Rücken von einem seiner Kameraden aus einem schweren Krugeimer übergießen, der an einem Stricke von der Decke herab befestigt ist, wo auch wohl eine Art Rolle sich befand. Aus dem nämlichen Kruge wurde auch das große flache Fußbadebecken gefüllt, das wir schon im ersten Abschnitt besprochen haben. Aus ihm wurde aber auch das große Waschtischbecken gefüllt, das auf zwei gemauerten breiten Pfeilern ruhte und in bequemer Höhe zum Waschen des Ober- und Mittelkörpers Verwendung fand. Auch hier ist wohl in der Mitte des Beckens eine Ablauföffnung zu denken, die man verstopfte, wenn man nicht auch hier vorzog, sich im wesent- lichen durch Übergießen und Begießen zu reinigen, was in anderen Fällen bestimmt zutrifft. Die letzten deutschen Aus- grabungen in Pergamon[1]) haben uns nämlich im Badezimmer des Oberen Gymnasions einen Raum kennen lernen, der mit Bild 41 in vielem sehr übereinstimmt. Am Fußboden finden sich zwei kleinere Fußbadewannen noch erhalten, an der Wand rings 7 große Marmorwaschbecken, gleich heutigen Futterkrippen in Ställen, wie sie auch in Priene und anderwärts gefunden wurden. Wie in Priene war über jeder dieser im 2. Jahrhundert v. Chr. hüfthoch angebrachten Wandkufen ein Wasserauslauf aus einem an der Wand hergeleiteten Metallrohre der Wasser-

---

[1]) Vgl. Bericht über die Arbeiten zu Pergamon 1906 bis 1907 von W. Dörpfeld, P. Jakobsthal, P. Schazmann im XXXIII. Bande der Mitteilungen des Kais. Deutsch. Archäol. Institutes, Athenische Abteilung, Athen 1908 S. 339 f. und Tafel XXI.

leitung, das jedem Becken Waschwasser spendete, ohne daß man sich viel im Becken selbst gewaschen haben dürfte, man müßte sich denn mit Schmutzwasser in den meisten Fällen begnügt haben. Durch alle 7 (oder mehr) Becken lief nämlich das gebrauchte Wasser hindurch und wurde erst beim letzten Rinnenbecken zum Abflußkanal abgeleitet. So finden sich denn anderwärts z. B. in Priene auch Wasserauslaufstellen an der Wand, ohne daß ein Wandgefäß darunter sich befände, welche das Leitungswasser zum Waschen auffing. Das Wasser lief also über die Hände oder andere Körperteile einfach zum Boden, der stets überrieselt war. Diese letztere Maßregel war um deswillen besonders zu empfehlen, weil man auch das vom Körper abfließende Salböl ruhig auf den Boden laufen ließ, so daß es als ganz in der Ordnung gelegentlich erzählt wird, wie eine Frau im öffentlichen Bade in der glitschigen, schmierigen Ölmasse zu Falle kam, die an der Stelle am Boden sich fand, wo die Weiber sich zu salben pflegten, obendrein auch noch im Baderaum des Heiltempels des Kyros und Johannes zu Menuthis [1]). Später waren die Fußwasch-wannen in den Boden eingelassen, erhielten also vielleicht auch noch ihren Teil von der allgemeinen Schmutzbrühe, die allerdings ständig ablief und durch neues fließendes Wasser kontinuierlich ersetzt wurde. Rechtes Vertrauen zu der Reinheit des Wassers in dem gemeinsamen Luter vermag man jedoch bei vielen unserer Bilder gleichfalls nicht zu fassen.

Wir haben den größten Teil dessen, was wir in diesem Abschnitte besprochen haben, wohl schon im Waschraum des

---

[1]) Sophronii Miracula Cyri et Johannis edit. Migne, Miraculum 9 Sp. 3445, verletzt sich Theodora, die Frau des Christodoros, schwer bei einem solchen Falle.

öffentlichen Bades vorgegangen anzunehmen und im Baderaum
der Palästra oder des Gymnasions, der ja auch zu den öffentlichen Wasch- und Badegelegenheiten zu rechnen ist. Die Grenze
zwischen dem öffentlichen Baderaume und dem privaten Bade-
gelaß des größeren Wohnhauses ist nur schwer zu ziehen. Daß
es aber überhaupt solche Badegemächer im Privathause gab,

Fig. 42.

beweist schon die Inschrift δημόσια auf unserer Fig. 40,
«öffentliches» Bad, die nur, im Gegensatz zu einem Privatbade
(βαλανεῖα ἴδια, ἰδιωτικά), einen Sinn hat. Auch Fig. 27 und
31, 36 und 41 haben wohl als Szenen aus öffentlichem Bade
zu gelten, ebenso Fig. 42, eine Tischbeinsche Umrißzeichnung
aus den «ancient vases Hamilton», auf welcher die Frau ganz
rechts als mit Bad und Toilette völlig fertig zu gelten hat
(sie geht ja auch mit ihrem Salbgefäße weg), während ihre
Nachbarin nach Beendigung ihrer Frisur sich nochmals die
Hände abspült und die beiden anderen Frauen am Luter, die

Haare noch in den Bademützen tragen, also mit dem Bade
selbst noch beschäftigt sind, endlich die von links herbei-

Fig. 43.

kommende bekleidete Frau noch gar nicht mit dem Bade
begonnen, aber ihr Haar schon in die Badehaube gesteckt
hat. Auch die lebendige Szene vom Rande einer flachen Schale

des Louver (Fig. 43) ist wohl im öffentlichen Frauenbade
gedacht. Eifrig ist die nackte Frau zur linken am Luter
beschäftigt, das Haar noch offen, während zwei andere spielend
heranstürmen, das eben abgelegte Gewand auf dem linken Arme.
Jede sucht wohl der anderen in der Benutzung des Waschtisches zuvorzukommen, dessen kleine Dimensionen für drei der
Schönen freilich kaum Platz lassen würden. Doch konnte sich
eine gleiche Szene auch im reichen, starkbewohnten Privathause einmal im Frauengemache zutragen.

Der «Luter» der Zeit der Vasenbilder (5. Jahrh. v. Chr.) ist
offenbar später durch das Wandbecken vielfach verdrängt worden,
wie wir es in Priene und Pergamon gefunden haben, möglicher-
weise auch im Privathause, doch sicher nicht völlig, denn im
römischen öffentlichen Bade in Rom und Pompeji finden wir
gegenüber dem tiefen Badebassin im Boden oder halb über
dem Boden (alveus, pluteus), oft mit Sitzgelegenheit unter Wasser,
und dem großen Schwimmbassin, auch immer noch ein flaches
großes Waschbecken in Hüfthöhe, also ähnlich unserem Waschtische, das «labrum», um welches ein freier Umgang war (schola),
der vielen Gebrauchern von allen Seiten gleichzeitig Zugang
gewährte.

Auch Badewannen, in welche man sich setzte, gab es im
älteren Griechenland schon zu der Zeit Homers, sicher auch
zur Zeit der Vasenbilder; die weniger malerische Szene scheint
aber nicht zur Darstellung gereizt zu haben, jedenfalls ist mir
keine solche bekannt geworden.[1] Aus Thera und Mykene und
anderwärts sind Sitzbadewannen bekannt geworden. Aus früh-

---

[1] Eine kyprische Terrakotte im Metropolitan Museum zu New-York,
welche ein Bad in der Wanne darstellt, bespreche ich ein ander mal.

hellenistischer Zeit finden sie sich in Terrakotta im Athener Museum. Ich habe ihrer einige auf Tafel I der Studie über «Ärztliches aus Papyrus-Urkunden» zur Wiedergabe gebracht und gebe eine andere Ansicht in Fig. 44, welche zeigt, wie unter dem Sitze die Tonmasse ausgespart war und an der Stelle der Füße ein Kugelabschnitt vorstand. Solche Wannen wurden halb in den Boden gegraben und gelegentlich zu vielen im Halbkreis in öffentlichen Baderäumen aufgestellt. Ähnlich halb oder ganz in der Erde

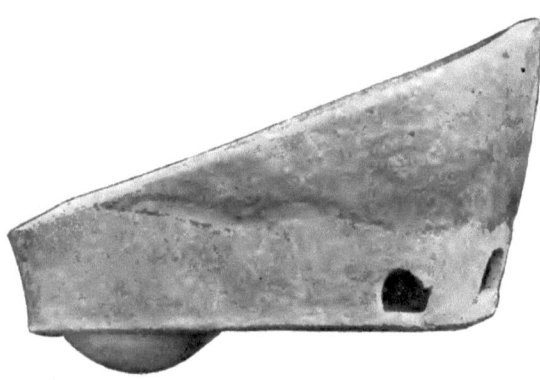

Fig. 44.

saß auch zu hellenistischer Zeit das Badebecken des öffentlichen Bades, die πυελός oder die κολυμβήϑρα, wie der oben erwähnte «alveus» und «pluteus» der Römer. Ob die Badewanne des Homer, die ἀσάμινϑος, in die man hineinging (ἐσέβαινον), nicht etwa auch im wesentlichen als ein Ort aufzufassen ist, wo man sich bequem übergießen lassen konnte, wenn man in ihr saß, bedarf noch weiterer Untersuchung.

Von alledem finden wir auf den Vasen keine Spur, nur die κολυμβήϑρα, das Tauch- und Schwimmbad ist einmal dargestellt und zweimal das Duschebad, die wir uns nun alle betrachten.

Eine frühe schwarzfigurige Vase des Rijksmuseums in Leiden (Nr. 7794), gemalt von Automenes, Fig. 45, bildet ein Männerbad ab, wie es zu Ende des 6. Jahrhunderts v. Chr.

in Athen beschaffen gewesen sein mag. Mitten in einer Baumpflanzung, etwa einem Haine neben der Palästra, lag das kleine tempelartige Gebäude, eine zierliche offene Säulenhalle an oder in deren Wänden das Wasser hochgeleitet war, etwa 2 Meter hoch, und sich aus Panterköpfen ergoß. Man stellte sich nach den Körperübungen, um Staub, Sand und Schweiß wieder zu entfernen, unter diese Wasserspeier an der Wand und trat danach ins Freie, um sich an der Luft zu trocknen und draußen auch mit Öl einzureiben. Eine Halle zum Überduschen, das war der Anfang der später so fein ausgedachten und eingeteilten Badeanstalten der Griechen und Römer, neben dem Flußbade das älteste öffentliche Bad in Hellas. Sehen wir uns das Bild in seinen zwei Teilen, welche die schwarze Mittelsäule scheidet, etwas näher an!

Fig. 45.

Man hing sein Gewand in die Zweige eines Baumes neben dem Duscheraum, ingleichen das unvermeidliche Ölgefäß (Aryballos) an seiner Schnur oder seinem Riemen, der unterhalb des breiten Gießrandes des Ölfläschchens befestigt war (Fig. 45a). Darauf trat man in die Duschehalle, postierte sich unter ein wasserspeiendes Pantermaul und ließ sich das erfrischende und reinigende Naß über den Körper laufen unter beständigem Reiben des Nackens, des Rückens, der Lenden, der Nates, der Brust, der Arme und der Schenkel, wie uns das die beiden Männer in der Waschhalle des öffentlichen Bades so lebendig vorführen (Fig. 45a und b). Fühlte man sich genügend er-

frischt und glaubte man sich hinreichend gereinigt, so verließ
man die Badehalle, um anderen Platz zu machen und sich nach
mäßigem Trocknen der Haut in der bewegten Luft gegen das

Fig. 45 a.

unangenehme Allzutrockenwerden der Haut aus dem mitge-
brachten Ölfläschchen einzuölen, das derweilen samt den Kleidern
am Baume gehangen hatte. Scharfe Laugen und Erden, wie
sie damals schon zu stärkerer, gründlicher Reinigung Verwendung fanden, scheinen im öffentlichen Duschebade damals

noch nicht gebraucht worden zu sein, wenigstens findet sich auf unserem Bilde kein Anhalt hierfür. Um hierdurch nicht allzu starke Reizung der Haut herbeizuführen und den etwa

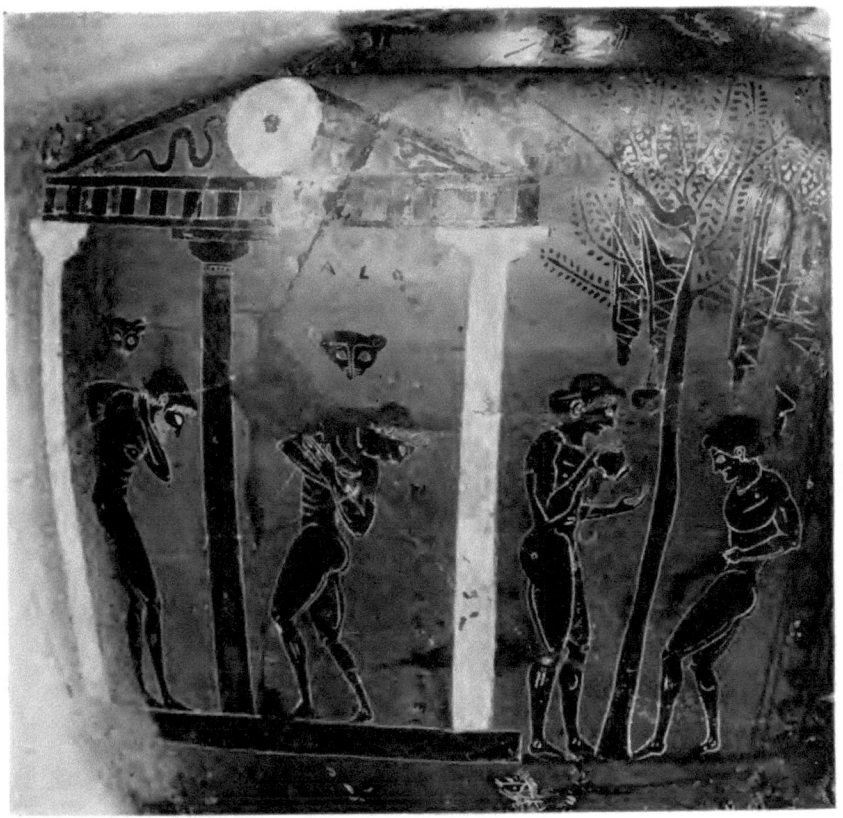

Fig. 45b.

zurückgebliebenen Rest dieser Reinigungsmittel abzustumpfen, zu neutralisieren, hatte sich die milde Öleinreibung sicher erst recht eingebürgert, die schon um der Trockenheit der Luft willen gegen allzu große Hauttrockenheit beliebt war.

Hier im frühen Duschebade Athens gab es weder ein Apodyterion, wo man seine Kleider ließ oder in Verwahr gab, noch einen Raum, wo das Öl verwahrt wurde (Elaiothekion), noch einen Raum für die Einreibungen (Aleipterion), noch bediente ein Badediener (Balaneus, Parachytes, Lutrochoos) beim Waschen und Massieren. Nicht einmal Striegel oder Leintücher

Fig. 46.

brachte man neben der Ölflasche im Netzbeutel sich mit, wie man das auf späteren Vasen wohl sieht. Wasser und Öl und die eigenen Hände und die wehenden Lüfte, das war der einzige Badebedarf.

Es gab damals aber auch schon öffentliche Frauenbäder in Athen und dort ging es ebenso einfach her, wie uns das zeitgeschichtliche Dokument eines fast ebenso alten rotfigurigen Vasenbildes des Berliner Museums berichtet, das wir in Fig. 46

reproduzieren. In einer geschlossenen Säulenhalle mit verschiedenen Abteilungen sind ebensolche hochangebrachte Wasser-
ausläufe zu sehen, Eber-, Panter-, Löwenköpfe, welche auf die
unter ihnen stehenden nackten Weiber ihr Wasser speien, die
sich ebenso energisch die helle Haut an Rumpf und Gliedern
im Wasserstrome mit

den Händen bearbei-
ten und auch die
langen Haare vom
Wasser durchfließen
und knetend durch-
dringen lassen, wie
es die beiden Frauen
rechts zeigen, die
langen Haare, die
ebenso in langen
Flechten zusammen-
gehalten sind, wie wir
das auf der Würz-
burger Phineusschale
(Fig. 10) schon ge-
sehen haben.

Fig. 47.

Hier wird überhaupt eine gründlichere Reinigung
angenommen als auf Bild 45 nach den täglichen Übungen im
Staube der Palästra, ein etwa wöchentliches Reinigungsbad, in
welchem der Fußboden mit Plattenbelag bassinartig unter der
Schwelle vertieft war und entweder überhaupt nur einen fußhoch
über der Sohle liegenden Abfluß hatte oder eine Vorrichtung
besaß, daß man den Abflusskanal periodisch verschließen (zu-
stopfen) konnte. Die 4 Weiblein waten denn auch im Berliner
Bilde bis zur Höhe der halben Wade im Wasser. Die Gewänder sind innerhalb des Baderaumes über den Köpfen der

Badenden über Stangen gehängt, wie wir es ähnlich auf einem
Bilde aus Neapel sehen (Mus. Nazionale No. 2309, Fig.

47):
zwei Frauen am Luter;
die rechte hat ihr Bad
beendet und nimmt,
das Haar noch in der
Bademütze, eben ihr
Gewand über, die linke,
das Haar noch frisiert
und mit einer hier be-
sonders sorgfältig ge-
malten Amuletschnur
um den Busen, beginnt

Fig. 48.

mit der Handwaschung; ihr Gewand hängt über ihr auf einer
Stange unter der Decke.

Fig. 49.

Die frühe Frauenbadszene in einem öffentlichen Frauenbade
(Fig. 46) auf einer Vase des Berliner Museums mag vielleicht
in Erstaunen setzen, sie ist aber völlig authentisch. Möglicher-
weise ist sie jedoch im Zusammenhang mit einer Brunnenanlage

zu denken, an welcher die Athenischen Frauen das Wasser zum Trinken und Kochen holten. Solche hübsche Szenen der wasser-holenden Frauen sind ja mit besonderer Vorliebe auf Misch-krügen dargestellt; ich gebe einige charakteristische auf Fig. 48—51, deren erste aus der Vasensammlung des Louvre stammt (G. 324), während die andern drei einer reichen Kollektion von Brunnendar-stellungen strenger Zeichnung auf schwarzfigurigen Vasen des Britischen Museums in London entnommen sind,

Fig. 50.

welche das Leipziger Institut im Abbild besitzt. Auf allen diesen Bildern (B. 330, 332 und 334), die man gewöhnlich den Brunnenanlagen an der Quelle Kalli-rrhoë (später Enneakru-nos) südlich von der Akropolis entnommen erklärt, fällt auf, daß die Wasserausflüsse der Löwen- und Pan-terhäupter so hoch angebracht sind, was durchaus nicht prak-tisch oder zweckmäßig

Fig. 51.

anmutet, ja in manchen Fällen nur schwer eine Füllung der enghalsigen Wasserkrüge zu sichern scheint.

Fig. 52.

Daß diese so oft gemalte Brunnenhalle nicht die einzige Form darstellt, in welcher man Röhrenbrunnen herzustellen pflegte, beweist schon ein reizendes attisches Vasenbild des Britischen Museums (E. 204) aus wesentlich späterer, aber doch noch bester Zeit, das ich unter Fig. 52 wiedergebe. Die tischartige Quellenfassung, äußerst bequem zum Abstellen der leeren Krüge und zum Abheben der schweren gefüllten, läßt

Fig. 53.

aus 3 Röhren in Hüfthöhe das Trinkwasser entfließen, das von den dicht darunter gestellten dreihenkligen Krügen in bequemster Weise aufgefangen wird. Einen ähnlich bequemen kleinen Röhrenbrunnen zeigt E. 772 der nämlichen Sammlung.

Fig. 54.

Sollte nicht das Brunnenhaus in Athen zu Zeiten abgesperrt und von den Frauen als Duschbad benutzt worden sein? Der auf dem Bild der schwarzfigurigen Vase strengen Stiles B. 333 des Britischen Museums im Brunnenhause, hängengebliebene Aryballos, das Oelfläschlein (Fig. 53), scheint diese Vermutung zu stützen, die ich den klassischen Archäologen zur Entscheidung überlasse.

Es ist uns aber auch ein weiteres wichtiges Frauenbadbild auf einer Vase des Louvre aufbewahrt (F. 203). Hier ist von dem Künstler Audokides ein Schwimmbad zur Darstellung gebracht, ein großes Bassin mit fließendem Wasser, eine Kolymbethra oder Dexaméne, überdacht und so groß, daß man darin tauchen und schwimmen, ja sich springend hineinstürzen konnte. Daß es sich um fließendes Wasser handelte, beweisen die Fischlein, die auf unserem Bild Fig. 54 unter der schwimmenden Frau zu sehen sind, daß ein Dach über dem Schwimmbassin anzunehmen ist,

Fig. 55.

beweist die Säule und die von der Decke hängende Bademütze mit Bindebändern, wie sie zwei unserer Schönen auch tragen, die nach dem Bade nach rechts sich entfernende und die rechts stehend aus ihrem Aryballos sich salbende. Die Schwimmende und die vom Schwungbrett ins Wasser Springende haben das Haar nur mit einer Binde umwunden, scheinen sich also vor dessen gründlicher Durchnässung nicht zu scheuen. Zwei der Frauen tragen Halsketten, drei Ohrgehänge, aber alle sind sie splitternackt. Daß dies wirklich eine vollkommene Nacktheit war, auch bei den Frauen, was in Griechenland keineswegs selbstverständlich ist, ließen eine ganze Anzahl unserer Bilder aus öffentlichen Bädern erkennen (in welche allerdings die Vasenmaler kaum Zutritt hatten), das läßt auf die Geste der linksstehenden Frau auf Fig. 55 erkennen, die

einer Vase des Brit. Museums entnommen ist (E. 202); auf
diesem Bilde, auf welchem beide badenden Frauen ein
Schenkelband tragen (die rechte wie gewöhnlich am linken

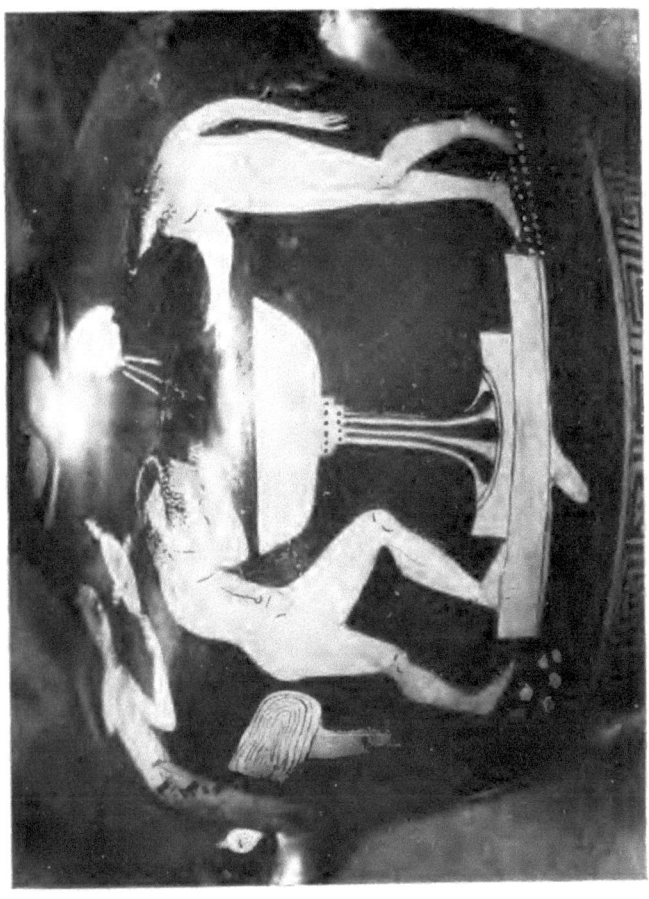

Fig. 56.

Oberschenkel, die linke seltenerweise am rechten), ist auch
besonders gut zu sehen, daß an diesem Schenkelbande in
vielen Fällen ein Amulet befestigt war. Daß aber auch schon
zur Zeit der Vasenbilder ein Schamgürtel (die Lutris, λουτρίς)

im Bade getragen wurde, von welchem Pollux nach Er-
wähnungen in der Komödie berichtet, das scheint Bild 56
darzutun, mit welchem wir unsere Vasenbilder hiermit für
diesmal schließen. Wir begegnen auf diesem Bilde, das der
Vasensammlung des Louvre entstammt, zugleich einer ge-
nauen Darstellung des zu jenen Zeiten gebräuchlichen doppel-
seitigen (Holz-) Kammes mit welchen die Schöne ihr nasses
welliges Haar strählt. Die Luterdarstellungen der letzten
beiden Bilder ergänzen zugleich unser sonstiges reiches Material
an Formen des Luters, des Waschtisches, der damals wie
wir gesehen haben, den Mittelpunkt der ganzen Körperreinigung und Körperpflege bildete.

Druck von Leonhard Simion Nf. in Berlin SW. 48.

Aus dem
antiken Badewesen.

II.

Weitere medizinisch - archäologische Untersuchungen.

Von

Karl Sudhoff.

Berlin 1910.

Allgemeine Medizinische Verlagsanstalt, G. m. b. H.

Vorwort.

Wenn ich den Faden früherer Studien über das antike Badewesen hier wieder aufnehme und ihn an anderem Material in etwas anderer Richtung leite, so möchte ich einführend darauf hinweisen, daß diese neuen Untersuchungen ebenso wie diejenigen der früheren Reihe in erster Linie für den historisch interessierten Arzt und Hygieniker bestimmt sind, wie sie denn auch zuerst in einer medizinischen Zeitschrift erschienen. Der Archäologe von Fach möge im Auge behalten, daß alles hier dem Zwecke des hygienischen Verständnisses vergangener Zeiten dienstbar gemacht ist, auch die Form der Darstellung und das Illustrationsmaterial. Bei letzterem sind ebenfalls zunächst die Gesichtspunkte des Historikers der Hygiene maßgebend, gegen die sogar der künstlerische im Konfliktsfalle zurücktreten muß. Namentlich bei den Vasenbildern der I. Serie waren die Erfordernisse der hygienischen Seite vielfach durchaus von den ästhetischen des Kunstarchäologen verschieden. Am Schlusse des Textes vorliegender Studie (S. 37) noch ein paar klärende Worte hierüber!

Aachen, am 10. August 1910.

Karl Sudhoff.

Aus dem antiken Badewesen,

medizinisch-archäologische Untersuchungen.

IV.

Waschräume und Badezimmer.

D̲er älteste Bade- und Waschraum, den wir bisher auf dem griechischen Festland kennen, ist das Badezimmer der Burg von Tiryns. Nahe dem Männersaal, dem Megaron, belegen, ist dieses Waschgelaß durch eine gewaltige Kalksteinplatte von 3 m Breite und 4 m Länge ausgezeichnet, welche in einer Stärke von 70 cm dessen Fußboden bildete (Fig. 1)[1]. Die Holzfachwerkwand stand allseitig etwas auf dem Rande der Platte auf, der auch nach innen noch etwas erhöht und nicht völlig geglättet ist, so daß ein rahmenartiger Streifen etwa 3 mm hoch in 12 bis 13 cm Breite das wohlgeglättete Mittelsstück von 2,65 : 3,05 umgibt, wie das unser Bild 1 in blühender Landschaft Griechenlands und klarer noch Fig. 2 und 3 erkennen lassen. In diesem Randstreifen finden sich ringsum mit Ausnahme der Stelle der Türöffnung paarig angeordnet Bohrlöcher von 3 cm Durchmesser, welche zur Aufnahme der Zapfen aufrechtstehender Holzbohlen bestimmt waren, die als Wand-

[1] Ich verdanke diese Aufnahme der zuvorkommenden Liebenswürdigkeit der Leitung des Kaiserlich Deutschen Archäologischen Instituts in Athen, die mir durch Herrn Kurt Müller die Vorlagen auch für die Figuren 3, 6, 12, 15, 18, 19 a und b, 20 und 21 im Laufe der Jahre übermitteln ließ.

Fig. 1.

verkleidung dienten, um die Fachwerkmauer vor Durchnässung zu schützen, wie das aus Grundriß und Durchschnitt der Fig. 2 ersehen werden kann [1]). Nach Osten hatte die Platte einen mäßigen Fall, der in eine flache Rinne in der Ostwand leitete, die sich in einen Kanal durch die 65 cm dicke Wand fortsetzte, den Abfluß also des Badezimmers (Fig. 3). Dem Eingang zu diesem Waschraum gegenüber fanden sich in der Nordwand des bescheidenen Gelasses von 8 qm Bodenfläche zwei größere Öffnungen von 45 bis 50 cm Durchmesser, vielleicht zur Aufnahme von Salbölgefäßen bestimmt. Von irgendeiner Art von Wasser z u leitung zu diesem Raum fand sich keine Spur. Jedenfalls mußte das Wasser also hereingetragen werden. Zu seiner Aufnahme stand hierin wohl ein größeres wannenartiges Ge-

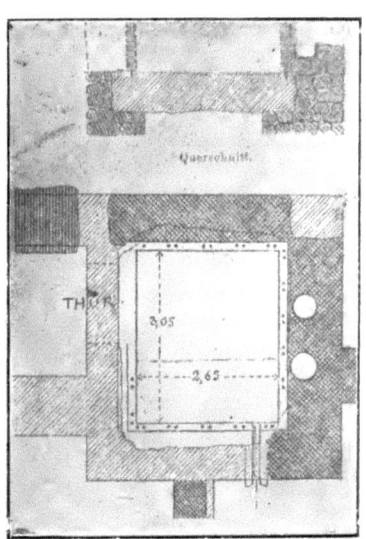

Fig. 2.

fäß, wie deren im Palaste von Tiryns selbst wenigstens ein Fragment gefunden wurde. Vielleicht liegt aber die Annahme noch näher, daß man sich in diesem Raum vor allem ü b e r - g i e ß e n ließ, im Stehen oder im Hocken. Auch das hierzu dienende Wasser hätte aber doch in einem größeren Gefäße vorrätig gehalten sein müssen durch vorheriges Herbeitragen in Amphoren oder eimerartigen Gefäßen, die wir aus Tiryns bis jetzt

---

[1]) Aus S c h l i e m a n n und D ö r p f e l d, Tiryns, Leipzig 1886, entnommen

nicht kennen. Für die Beliebtheit der Übergießungen mag noch ein Vasenbild sprechen (Fig. 4).

Die ἀσάμινϑος des Homer ist freilich ein zweifellos feststehender Badebehelf jener Heroenzeit, und eine Frühterrakotte, deren Ver-

Fig. 3.

bleib ungewiß ist, führt uns eine solche Szene in der Wanne lebendig vor Augen. Herr P o t t i e r (Paris) hat sie vor einer Reihe von Jahren publiziert[1]); ihm verdanke ich auch die Photographie nach der unsere Abbildung 5 hergestellt ist. Ein anscheinend

[1]) Die Mitteilung, daß das interessante Stück der Sammlung Cesnola angehöre, die im Metropolitan Museum of Art zu New York verwahrt wird, vermochte mir der Herr Direktor dieser Sammlung nicht zu bestätigen.

älterer Mann sitzt in einer länglichen flachen Wanne mit niederen Stützfüßen an beiden Enden; eine weibliche Person sucht an der rechten Schulter mit ihrer linken Hand ihn leicht zu stützen, während sie mit ihrer (in Verlust geratenen) rechten Hand ihn aus dem unteren Ende der Wanne mit Wasser zu be-spritzen oder aus einem kleinen Schöpfgefäße zu begießen scheint. Der flache Wan-nentrog, wie der noch ungeschickte Künstler ihn dar-stellt, scheint zu einem richtigen Bade, wie wir es wünschen, nur recht unvollkom-men geeignet ge-wesen zu sein. Jedenfalls zeigt

Fig. 4.

diese Frühterrakotte eine l a n g e Wannenform, weit länger als die meisten im Original uns erhaltenen Badewannen, die alle S i t z wannen sind. Eine derselben mit einer kugeligen Aus-wölbung des Bodens für die Füße habe ich schon im III. Ab-schnitt unter Nr. 44 vorgeführt[1]); sie stammt aus Mykenae. Eine noch etwas kürzere Form mit einer stiefelartigen Verlänge-

---

[1]) „Aus dem antiken Badewesen". Berlin 1910. S. 58.

rung für die Füße aus Thera bringt unsere Abbildung 6; sie hat beiderseits einen derben Henkel, vermutlich nur zum Bewegen des l e e r e n Gefäßes. Ich nehme an, daß diese Wanne, wie alle anderen, nach dem Gebrauche ausgeschöpft wurde.

Fig. 5.

Auch in Tiryns ist, wie oben schon angedeutet, das Fragment einer Wanne gefunden worden; es findet sich farbig abgebildet in dem Werke von H e i n r i c h S c h l i e m a n n und W i l h e l m D ö r p f e l d über den prähistorischen Palast der Könige von Tiryns (Leipzig 1886, Tafel XXIV d. und e). Auf der Außenseite, die einen kräftigen Henkel trägt, zeigt sich streifige rote Bemalung der gelben Terrakottamasse, auf der Innenseite ein Wellenmuster (Fig. 7). Der Zeichner des Werkes hat dies Fragment nach Schliemanns Anweisung zu einer symmetrischen langen Wanne ergänzt, ob mit Recht, dünkt mich zweifelhaft. Der Henkel dürfte doch i n d e r M i t t e der Wanne gesessen haben, um deren Tragen im Gleichgewicht zu sichern; dieser Annahme entsprechend müßte

Fig. 6.

die Wanne wesentlich kürzer in der Form gewesen sein und höchstwahrscheinlich n i c h t symmetrisch, wenn die Zeichnung im übrigen völlig genau ist. Jedenfalls aber war im Tiryntischen Palast tatsächlich eine Wanne vorhanden, vielleicht mehrere; denn das Badezimmer westlich vom Männersaale war für den östlich von demselben gelegenen Frauensaal doch recht weit entfernt, dürfte also von dem weiblichen Teile der Palastinsassen kaum benutzt worden sein. Einerlei, ob der kleine Baderaum nun mit einer langen Badewanne ausgerüstet war oder nicht, er stellt jedenfalls ein technisch recht vorgeschrittenes Waschgelaß dar, das schon eine recht lange Entwicklung voraussetzt.

Auch die Badeeinrichtungen im Palast zu Knossos auf Kreta
stehen schon auf hoher Stufe und weisen naturgemäß mancherlei
Berührungspunkte mit den mykenischen auf. Manches ist ja schon
durch den Entdecker E v a n s in den Annuals of the British School
at Athens publiziert, aber die Ernte ist so wesentlich reicher, daß
ich noch völlig davon absehe, auf diese hochinteressante minoische

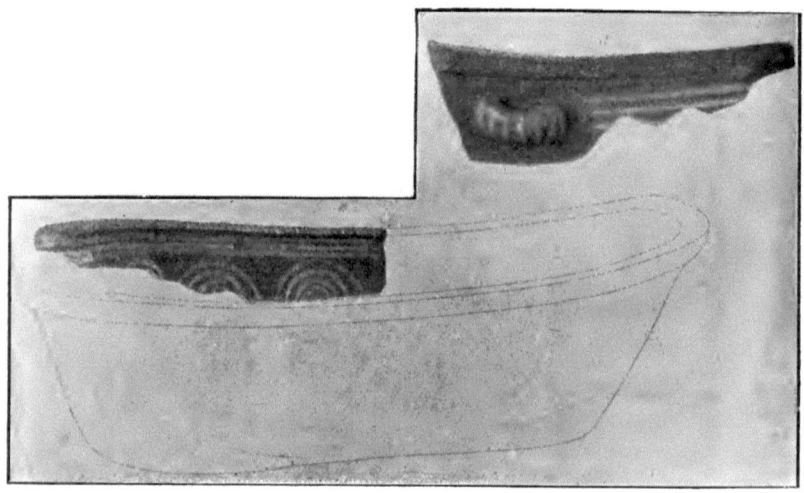

Fig. 7.

Kulturperiode einzugehen. Durch die Liebenswürdigkeit des Herrn
E v a n s, der Herrn T h e o d o r M e y e r - S t e i n e g eine
ganze Reihe von Aufnahmen unpublizierter Ausgrabungsergebnisse
gestattete, werden wir in der historischen Abteilung der Dresdener
Hygiene-Ausstellung die verschiedenen Badewannen aus Knossos,
das Badezimmer der Königin und anderes im Modell vorführen
können. Das Publikationsrecht auch für diese Dinge hat sich Herr
E v a n s allerdings vorbehalten; ich teile nur soviel mit, daß diese
kretischen Badewannen eine längliche Form besitzen, der unserer
heutigen Badewannen ziemlich ähnlich, mache aber zum Schluß
der Bemerkungen über diese Wannen darauf aufmerksam, daß

das warme Bad in der Wanne schon in der Heroenzeit nicht eigent-
lich als Reinigungsbad genommen wurde, sondern zur Erquickung.

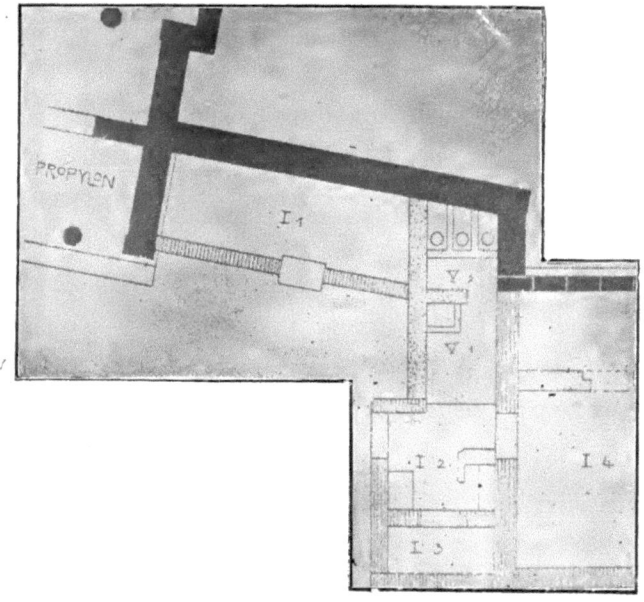

Fig. 8.

Odysseus und Diomedes reinigten sich am Meeresstrande vor dem
Erholungsbade in der Wanne.

Sehr interessant sind die Vorrichtungen im Waschraume des
Tempels der Geburtsgöttin Aphaia auf der Insel Aegina, die uns die
Ausgrabungen des genialen, leider so früh der archäologischen
Wissenschaft entrissenen Adolf Furtwängler kennen
lehrten [1]).

[1]) Aegina, das Heiligtum der Aphaia, unter Mitwirkung von
E. R. Fiechter und H. Thiersch, herausgegeben von Adolf
Furtwängler. München 1906, Verl. d. K. B. Akademie der
Wissenschaften, Textband S. 92—95, Tafel XV. 4.

Rechts neben dem Propylon, dem Hallenbau am Toreingang zu dem inneren Tempelbezirke, liegen dort außerhalb des inneren Tempelplatzes einige kleinere Häuser, darin das uns interessierende Badegemach. Der Pilger konnte also, ehe er den Tempelbezirk betrat, die nötige Reinigung seines Körpers vornehmen, vor allem der verstaubten Füße und Unterschenkel.

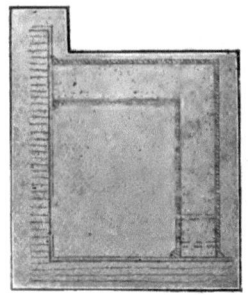

Fig. 9.

Das Badegemach besteht aus einem vorderen und einem hinteren Raume, die durch eine Tür verbunden sind (Fig. 8). Der Fußboden ist, durch beide Räume durchgehend, mit einer dicken Stuckschicht bedeckt, auf welche im Vorderraum ein kleines viereckiges Bassin in der

Fig. 10.

Ecke aufgesetzt ist, das mit Putzwulsten abgedichtet ist[1]), wo

---

[1]) Ähnliche finden sich an der einzigen noch teilweise erhaltenen gemauerten Einzelwanne der römischen Thermenanlage zu Baden-

seine Ränder an den Mauerputz anstoßen, während sie sich an dem Boden mit konkaver Ausrndung des Putzes an den

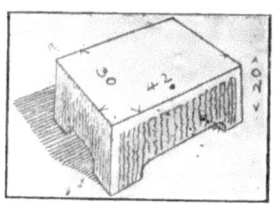

Bodenstuck anschließen. Zwei kleine Durchlässe am Boden nahe dem Winkel an der Wand ließen das Wasser abfließen. Beim Gebrauch des Beckens wurden diese beiden kleinen Ablässe wohl mit je einem Zapfen oder Pflocke geschlossen (Fig. 9). Auch in diesem kleinen Bassin von nicht ganz einem Meter im Quadrat und etwa 15 cm Wandhöhe hat man wohl einen Raum zu sehen, in welchem man zum Übergießen sich auf stellte oder auf den Boden kauerte. Auch die Wandflächen des ganzen Raumes sind gut verputzt.

Fig. 11.

Zum Übergießen und Waschen der Füße im Stehen war dies kleine viereckige Eckbassin ja auch wohl verwendbar; viel geeigneter zu diesem Zwecke sind drei längliche Becken, welche sich in dem hinteren Abteil des Baderaumes an der Hinterwand finden, alle etwa gleich groß, wenn auch ungleich in der Form und 30 cm tief (Fig. 10). Am vorderen Ende jedes Beckens zeigt sich eine halbkugelförmige Vertiefung im Boden, in welche der sich Waschende seine Füße stellte, während er auf einem Schemel Platz nahm.

Fig. 12.

Baden (Aquae Aureliae), deren vorzüglich geglättete Innenfläche heute noch unsere Bewunderung erweckt.

Ein solcher Schemel aus dichtem Porosstein (Fig. 11) von 20 cm
Höhe, 42 cm Breite und 30 cm Tiefe stand noch in einer der drei
Abteilungen, wie unsere Fig. 10 zeigt. Die halbkugelförmige
Vertiefung am Fußende war auch für das Ausschöpfen des Wassers
recht praktisch. Denn keinerlei Wasserzufluß noch -abfluß war
hier zu finden. Man hat also auch diese Becken zum Gebrauch

Fig. 13.

mit herbeigetragenem Wasser gefüllt und das Schmutzwasser
durch Ausschöpfen wieder entfernt.

Die ganze Einrichtung der drei länglichen Becken im Badegemach zu Aegina mit ihren Schemeln und halbkugelförmigen
Vertiefungen am Fußende ruft uns die Terrakottasitzwanne aus
Mykenae lebhaft ins Gedächtnis. Der Parallelismus beider ist tatsächlich der denkbar vollständigste. Ich gebe zum Beweise dessen
in Fig. 12 eine Ansicht der betreffenden Wanne von oben, die
man mit Abbildung 44 meiner früheren Publikation vergleichen
mag [1]). Auch hier der Schemel und die halbkugelige Ausbuchtung
am Fußende.

[1]) „Aus dem antiken Badewesen". Berlin 1910. S. 58.

Ähnliches war offenbar weit verbreitet im Gebrauch in Griechenland. Wenigstens vermag ich die im Kreis angeordneten acht kreis-
runden kleinen Basins von 37 cm Durchmesser und 21 cm Tiefe im
Fußboden des sogenannten Tepidariums zu Oeniadae und die
17 weiteren von 34 cm Durchmesser und gar nur 14 cm Tiefe,
dicht im Kreise gereiht, in dem kleineren Raum (dem
Caldarium) an gleicher Stelle[1]) nicht anders aufzufassen. Auch
das kleine Bad von Eretria, das im Jahre 1900 ausgegraben
wurde, zeigt Verwandtes in seinen runden
Hofräumen, welche vor niederen Sitzlinien
kleine, flache, runde Marmorbecken von kaum
mehr als 30 cm Durchmesser im Fußboden
aufweisen[2]).

Fig. 14.

Noch mehr in der Form mit der Wasch-
gelegenheit vom Aphaiatempel übereinstim-
mend ist das Terrakottabecken des kleinen
Badegelasses in einem Privathause von Priene
aus freilich wesentlich späterer Zeit. Dies Becken hat die
Form einer ganz flachen Badewanne, der auf der Seite, wo
der sich Waschende sitzt, der Wandlehne völlig entbehrt. In
einer Tonplatte von 59 cm Breite und 115 cm Tiefe findet
sich nahe dem freien flachen Rande ein seichtes Becken von
ovaler Form, zu dessen beiden Seiten eine Seitenlehne aufzu-
steigen beginnt, um in einer Höhe von etwa 30 cm die beiden
Langseiten der Tonplatte und deren Rückwand kastenartig zu um-
ziehen (vgl. Fig. 13). Auch diese Vorrichtung im Hause der Westtor-
straße zu Priene hat also die flache·Aushöhlung für die Füße, zu
deren Benutzung man sich auf die freie Seite der Plattenwanne

[1]) American Journal of Archaeology 1904, Vol. VIII, S. 216—224.
[2]) Ebenda 1901, Vol. V, S. 96.

außerhalb setzte, während man sich auf die von der Schutzumfassung (gegen das Wasserverspritzen) umgebene glatte Fläche an der Wand stellte oder kauerte, wenn man sich den übrigen Unterkörper wusch. Vermutlich lief ein Rohr der Wasserleitung in mäßiger Höhe in der Wand und spendete aus einem Tiermaule

Fig. 15

das erwünschte Naß, wenn man sich nicht warmes Wasser in einem Kessel oder Eimer hatte herbeibringen lassen. Diese Frage der Wasserbeschaffung läßt sich nicht bestimmt beantworten, da jeder Anhalt fehlt, wie denn auch die senkrechte Wandung der Tonplatte auf allen Seiten fast völlig weggebrochen ist.

Im übrigen lehnt sich diese Waschvorrichtung des Privathauses an die beiden Waschbeckenarten beim Aphaiatempel an, deren Kombination sie in gewissem Sinne darstellt. Sie ruft uns aber einen modernsten Waschbehelf industrieller Anlagen ganz be-

sonders lebhaft ins Gedächtnis, der wie eine Reminiszenz alt-
griechischen Waschbrauches sich ausnimmt, den der „Waschkaue"
für Berg- und Hüt-
tenwerke, wie sie
Fig. 14 uns vor-
führt [1]). Wie der
junge Hüttenarbei-
ter von heute sich
hier Ruß, Kohlen-
staub und Eisenrost
von Armen, Hän-
den und Unterkör-
per wäscht, saß vor
mehr als 2000 Jah-
ren der griechische
Ephebe an seinem
Podanipter oder sei-

Fig. 16.

nem Trog im Fußboden, so der vom Aufstieg bestaubte Pilger
im Waschraume des Aphaiatempels auf der Insel Aegina.

Einen andern Typus der Waschräume bieten die Einrichtungen
in den Gymnasien zu Priene und zu Pergamon.

Wir bringen in Fig. 15 eine Gesamtansicht der 5 Wandbecken
an der Rückwand des Baderaumes zu Priene, deren vier aus
löwenköpfigen Wasserspeiern aus einer ringsum laufenden steiner-
nen Wasserrinne ständig ihre Wasser empfingen. Diese Zuleitung,
aus der Wasserleitung gespeist, gab auch an den Seitenwänden

---

[1]) Wir verdanken das Klischee der Liebenswürdigkeit der Leipziger
Filiale (Göschenstraße 22) der Firma H. S c h a f f s t a e d t, G. m. b. H.,
Gießen.

Wasser ab, ohne daß es in einem Wandbecken aufgefangen wurde (Fig. 16). Offenbar hat man Kreuz und Schenkel direkt in diesen in einem Meter Höhe ausfließenden Wasserstrahl gehalten und so spülend sich den Unterkörper überströmen lassen. Die 5 Wandbecken waren für den Oberkörper, namentlich Arme und Hände bestimmt! Für die Reinigung der Füße gab es zu beiden Seiten der Eingangstür flache lange Marmorbecken im Fußboden von 19 cm Tiefe vor niederen Wandbänken, auf die man sich niederließ als letzter Akt der Waschung nach den Übungen, ehe man den kalten nassen Raum verließ, dessen Fußboden stets mit Wasser überrieselt war. Ein gemeinsamer Ablauf ging unter der Türschwelle nach außen, wie dies alles unsere Fig. 17 veranschaulicht[1]). Von einem eigentlichen Bade kann hier kaum die Rede sein; man hatte Gelegenheit, sich alle Körperstellen von Staub, Sand und Schmutz durch Überspülen zu reinigen.

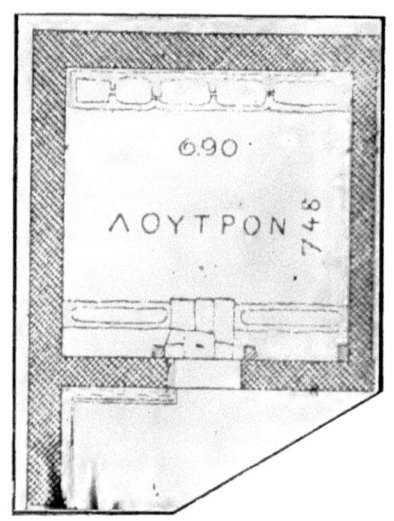

Fig. 17.

In manchem Detail etwas weiter entwickelt zeigen sich die Einrichtungen im oberen Gymnasion zu Pergamon[2]). Auch hier

---

[1]) Fig. 13, 15—17 sind dem Werke über Priene von W i e g a n d und S c h r a d e r entnommen (Berlin 1903).

[2]) Vgl. den Ausgrabungsbericht in den Mitteilungen des Kaiserl. Deutschen Archäol. Institutes, Athenische Abteilung, Bd. XXXIII, 1908, S. 327 ff.

Fig. 18

findet sich in einer Ecke des Säulenumganges ein wohleingerichteter Waschraum zur Vornahme des kalten Abspülens von Sand oder Schlamm der Ringbahn und vom Staub der lang sich hinziehenden Rennwege (δρόμοι) aus dem 2. Jahrhundert vor unserer Zeitrechnung.

Auf Bild 18 schauen wir in diesen Raum hinein und sehen an der Rückwand (Westwand) die Nische, in der das in Tonröhren unter dem Fußboden hergeleitete Wasser der städtischen Leitung aufstieg, um sich, wie in Priene, in den horizontal liegenden Leitungsröhren zu verteilen, die in Pergamon aus Metall bestanden, das früh andere Verwendung fand und nur in der Reihe der Dübellöcher zu ihrer Befestigung an der Wand seine Spuren zurückließ. Aus ihnen läßt sich schließen, daß das Leitungsrohr an der Rückwand und beiden Seitenwänden bis zu deren Mitte etwa hinlief. In regelmäßigen Abständen ließ es sein Wasser entströmen, an der Rückwand zweifellos direkt auf dem Boden, genau wie in Priene. Auch hier also stellten sich die Jünglinge und Männer unter den Auslauf des Wassers in halb gebeugter Stellung, um sich den Rücken, die Hüften und Bauch und Oberschenkel überströmen zu lassen. Der Auslauf war ja nur wenig über Gürtelhöhe angebracht,der ganze Raum mit großen Steinplatten gepflastert, über die sich das Wasser seinen Weg suchen mußte. An beiden Seitenwänden fanden sich trogartige Marmorbecken, deren sich auf der rechten Seite noch 4, auf der linken noch 3 heute vorfinden, zum Teil noch auf ihren Steinlagern (Böcken) ruhend, die ihnen bequeme Hüfthöhe gaben.

Die Form dieser Wandkrippen ist beachtenswert. Wie unsere Fig. 19 (a und b) ergibt, sind die beiden Enden dieser Langwannen, wo sie sich berühren, nur leicht in kantiger Rinne vertieft, während die Mitte sich in ovaler Halbkugel aushöhlt, ein tiefes Waschbecken bildend. In jede dieser ovalen Trogwannen ergoß sich nun das Wasser aus der Leitung in kontinuierlichem Strome und floß ebenso kontinuierlich über den Rand zur Nachbarwanne ab, die aber gleichfalls obendrein direkt von der Wasserleitung gespeist wurde. Ein Abfluß der ganzen Wannenreihe jeder Seitenwand ist nur am Ende jeder Reihe in der Zimmerecke vorgesehen gewesen. Waren alle Waschstellen in diesem Raume des Gymnasions besetzt, so dürfte das Waschwasser von dem ersten zum letzten Becken in zunehmen-

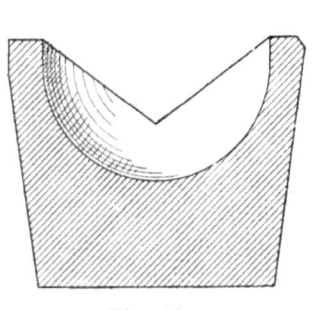 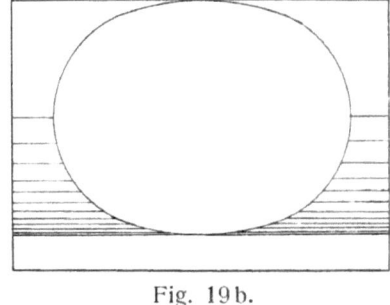

Fig. 19a.   Fig. 19b.

dem Maße beschmutzt gewesen sein trotz des ständigen Zuflusses von reinem Leitungswasser zu allen Becken. Und daß man sich in diesen Wandbecken nicht n u r überströmen ließ, dafür bringt die tiefe Höhlung in der Mitte jeder Steinrinne den bündigsten Beweis. Man hat Hände und Arme beim Reinigen von Sand und Schmutz auch immer wieder in diese Steinmulde eingetaucht. Verglichen mit den Wandwannen in Priene, die geschlossene Tröge darstellten, aus denen das Wasser fast nur durch Überlaufen über alle Ränder sich entleeren konnte[1]) bei ständigem Zufluß aus der Leitung, stellt die Einrichtung der Wandbecken im Baderaum des oberen Gymnasions

---

[1]) Die schmalen flachen Kerben im oberen Rande der einander zugekehrten Wannenköpfe genügten bestimmt nicht zur Bewältigung des Wassers, wenn es in einiger Mächtigkeit den Leitungen entströmte; es floß auch über den Vorderrand über.

zu Pergamon einen entschiedenen technischen Fortschritt dar, indem hier für ständigen Abfluß gesorgt war, der zugleich eine leidliche Selbstreinigung der benutzten Beckenreihe, falls sie eine Zeit lang außer Benutzung blieb, garantierte. Eine zeitweise Reinigung der Wannen durch den Diener war nebenher gewiß vorgesehen.

Fig. 20.

Auf Fig. 20 überschauen wir den heutigen Zustand des Waschraumes in Pergamon, wie ihn die Ausgrabungen durch die Herren W. Dörpfeld, P. Jakobsthal und P. Schazmann ergeben haben, an der linken Seitenwand vom Eingange aus gesehen (Südwand). Durch den seines Steinplattenbelages größtenteils beraubten Fußboden zieht sich der Graben der Leitung. An der Wand sehen wir noch drei der Waschbecken an ihrer ursprünglichen Wandstelle, wohlgefügt aber schmucklos auf Steinblöcken so hoch gelagert, daß ihre Oberkante in bequemer Hüfthöhe liegt. Davor auf einem Reste des Plattenbelags ein kanelliertes Säulen-Trommelstück und ein riesiges in den Fußboden tief eingegrabenes Standgefäß, ein πίθος, deren drei mindestens gleich gewaltige in der Ecke zur Eingangswand zu sehen sind. Vielleicht enthielt der tiefer eingegrabene einzelne Pithos vor den Wandwannen eine Waschlauge, die statt Seife diente, oder kimolische Erde oder ähnliches zum nämlichen Zweck. Die drei höher stehenden großen Eckpithoi dürften das unentbehrliche Salböl zum Einfetten des ganzen Körpers nach dem Bade enthalten haben.

Den Zustand an der rechten Seitenwand (Nordwand) veranschaulicht Fig. 21. Vier Wannen sind an ihrer Stelle noch zu sehen. Zwei ruhen noch auf ihren Sockelstützen und zeigen den tiefen Rinneneinschnitt der Seitenwände, während die vorderste der beiden am Boden liegenden Wannen (genau wie an der Südwand) uns erkennen läßt, wie nach der Türseite der Abschluß der Laufrinne durch Einsetzen eines Keilstückes bewirkt wurde, das wohl durch Kalkmörtel weiland eingedichtet war. Neben dem in der Ecke stehenden Schachtmeister und vor der Wasserzuführungsnische ist aus den in situ erhaltenen Fußbodenquadern das Niveau des Estrichs noch erkennbar. Die beiden vorn nahe dem Eingang belegenen viereckigen Fußwannen lagen völlig im Niveau dieses Plattenbelages und erhielten ihr Wasser aus dem Überlauf der Wandbecken und dem frei zur Erde strömenden Ablauf der Douchemündungen des Wasserrohres an der Hinterwand; sie waren also stets gestrichen gefüllt mit einer in ihrer Reinheit nicht ganz einwandfreien Flüssigkeit, die bei starker Benutzung des Waschraumes nach dem Schlusse der Übungen gegen Mittag und gegen Abend von einer Schmutzbrühe nicht sehr verschieden gewesen sein wird. Bänke scheinen hier nicht vorgesehen gewesen zu sein. Vielleicht hat man sich hier die Füße nur durch Hineinhalten der-

selben oder durch völliges Hineintreten je nach Neigung vor dem
Verlassen des Badegelasses noch einmal abgespült, nachdem man
den übrigen Körper schon gesalbt hatte. Doch kann auch das

Fig. 21.

Salben den allerletzten Akt vor dem Hinaustreten in der Regel gebildet haben. Nachher ging man zum Apodyterion, um sich anzu-
kleiden und ließ sich auf dem Wege dorthin in Luft und Sonne

trocknen, wie es die Szenen nach dem Douchebad in Fig. 45 a u. 45 b
unserer früheren Publikation erkennen lassen; die schwarzfigurigen
Vasenbilder mögen noch aus dem Ende des 6. Jahrhunderts
stammen. Spätere rotfigurige Vasenbilder zeigen uns Jünglinge
bis zum Halse eingehüllt dasitzend und den Ausführungen des

Fig. 22.

Pädotriben über die vorhergegangenen Übungen lauschend. Es
mögen Badelaken sein, in die man sich nach dem Waschen ein-
wickelte, während man in der Sonne oder im Schatten sich trocknete
(Fig. 22). Doch ist es gewiß auch nicht ausgeschlossen, daß sich die
von den Übungen Erhitzten in dieser Weise eingehüllt ruhten, ehe
sie zu neuen Übungen schritten oder in den kalten Waschraum
sich begaben.

Andere Wascheinrichtungen bestanden im Tempel von Epidauros für die Besucher, in erster Linie wohl für die Kranken,
wobei es für diesmal unentschieden bleiben mag, ob diese Becken
mehr für die kultische Reinigung, die Lustration bestimmt waren

oder auch dem profanen Reinlichkeitsbedürfnis dienstbar waren. Eine scharfe Trennung zwischen den Reinheits- und Reinlichkeitsbestrebungen ist durchaus nicht überall leicht durchzuführen, und die Gebrauchsgegenstände für beides waren erst recht in ihren Formen verwandt oder direkt aus dem einen Gebiet ins andere entlehnt. —

Bei den Ausgrabungen an der altheiligen Kultstätte in der Argolis wurden flache Becken auf mäßig hohem Fuße in großer Zahl gefunden. B l i n - k e n b e r g zählt derselben 18 Stück, durchgehends von der gleichen Form. Es sind runde Flachbecken von 73 cm Durchmesser und von der gleichen Höhe, getragen von einem nach oben sich verjüngenden plumpen Zylinder (Fig. 23), das Ganze aus einem Kalksteinblock gefertigt. Alle diese Schalen auf standfestem Fuße stammen anscheinend aus der gleichen Zeitepoche, dem 4. Jahrhundert vor Christo und sind vielfach, wie unsere Figur es gleichfalls zeigt, mit einer Widmungsinschrift versehen[1]). Wir haben in diesen trogartigen Gefäßen sicher Parallelen zu den

Fig. 23.

---

[1]) Über alles weitere muß ich auf die Abhandlung von C h r. B l i n k e n b e r g in den Mitteilungen des Deutschen Archäologischen Institutes, Athenische Abteilung Bd. XXIII, 1898, S. 14 ff. verweisen.

als Luter (λουτήρ) bezeichneten Waschtischen vor uns, von denen wir im vergangenen Jahre im II. Abschnitt dieser Studien S. 29 ff. gehandelt haben, die freilich in ähnlicher Form wohl auch zum Tränken von Pferden an der Landstraße und als Knettisch zum Backen Verwendung fanden. Die Münchner AntikenSammlung hat vor nicht langer Zeit eine Terrakotte erworben, welche das Teichkneten auf einem tischartigen Flachbecken darstellt, das in seiner Pilzform dem „Luter" noch weit näher steht als die in Fig. 33 vor Jahresfrist mitgeteilte Terrakottaszene. Wir können das unpublizierte Stück durch die Freundlichkeit der Leitung der

Fig. 24.

genannten Sammlung in unserer Fig. 24 wiedergeben lassen.

Zu den Waschungen, welche der Heilgott den Gläubigen im Träume vorschrieb, um Genesung von ihren Leiden zu erlangen, dürften kaum diese trogartigen Waschgefäße verwendet worden sein, wie wir sie in der Fig. 23 kennen lernten; denn es wird meist ausdrücklich angeordnet, daß diese an der Quelle des Tempels ausgeführt werden sollten.

Kostbare große bemalte Vasen in verwandter Form, wie sie beispielsweise in Menidi gefunden wurden, faßt W o l t e r s gleichfalls als Waschbecken für den Totenkult bestimmt auf; in Rekonstruktion haben dieselben die Form nnserer Fig. 25 [1]), eines

tiefen Humpens mit Fuß also mit Ausguß und zwei Henkeln, zum Waschen sicher weniger geeignet als Fig. 23 und auch nicht dafür hergestellt, wie sehr die Form auch wieder an die des Luter erinnert.

Nicht immer waren die Waschbecken von Epidauros aus einem Stück hergestellt. An einigen Exemplaren ist der Fuß und das Becken getrennt gearbeitet und beide Teile dann mit (drei) Dübeln aneinander befestigt. Und es ist doch wohl als das Ursprüng-

Fig. 25.

liche anzusehen, daß man flache Wannenbecken zum Waschen benutzte und sich beliebig hochaufstellte, wie es für den einzelnen Bedarf als zweckmäßig sich erwies. Der im ersten Artikel auf Seite 6 ff. besprochene Podanipter, einst auf drei niedere Füße gestellt, und der Luter als Tischbecken auf hohem Fuße sind also nur Variationen dieser ursprünglichen Beckenform, die auch je nach dem dabei verwendeten Material wieder kleinere Formverschiedenheiten aufwies.

Solche flache Becken, welche man auf hohe Stativsäulen

---

[1]) Jahrbuch des Kaiserlich Deutschen Archäologischen Institutes, Bd. XIII, 1898, S. 26; vgl. auch Bd. XIV, S. 132 ff.

setzte und an zwei seitlichen Henkeln handhabte, sind fast nur
in Terrakotta erhalten und auch diese nur in Fragmenten. Me-
tallene werden ebenso häufig gewesen sein, scheinen aber alle
durch Einschmelzen früh ihren Untergang gefunden zu haben.
Ein vollständiges Exemplar solcher Flachbecken aus gebranntem
Ton ist mir, wie angedeutet, bis heute nicht begegnet. Erkenn-
bare Scherben solcher, im erschließbaren Durchmesser bis zu
60 cm sind z. B. bei den französischen Ausgrabungen zu Delphi
etwa 25 im Ganzen aufgefunden worden,[1] was ihrer Häufigkeit
auf Vasenbildern, von der unser II. Artikel eine kleine Vorstellung
erweckt hat, einigermaßen entspricht. Auch sie fanden ja im
Kult zu Reinigungs- und Besprengungsriten Verwendung als Spreng-
becken und Sprengkessel, die sogenannten περιρραντήρια, die in
der Regel wohl aus Metall hergestellt waren.[2] Leider ist die
bekannte „Danaide" der Vatikanischen Sammlung (Fig. 26) gerade
in den für uns allein in Frage kommenden Teilen modern ergänzt;
Arme, doppelgehenkeltes Flachbecken und dekorierter Baum-
stumpffuß sind Rekonstruktionen des 18. Jahrhunderts, scheinen
aber in ihrer Ergänzung im allgemeinen das Richtige zu treffen.
Die sogen. Danaide ist wohl als Brunnenfigur zu denken; es ist
ein einfaches Mädchen, das sich ein Wasserbecken auf einem Untersatz zurechtstellt, um sich zu waschen.

Wie sogar die Flurwaschbecken des Aphaiatempels waren
auch die von B l i n k e n b e r g besprochenen natürlich auf das
Heranholen des Wassers in Schöpf- und Traggefäßen angewiesen.

---

[1] Vgl. F o u i l l e s d e D e l p h e s , Tome V. Texte par P. P e -
d r i z e t. Paris 1908, S. 181—183.

[2] Im Isistempel zu Pompeji sind Lustrationsbecken auf hohem
Fuße gefunden worden, die dem Luter der Vasenbilder in der Form
völlig gleichen.

Fig. 26.

Wie sie ihren Inschriften nach von Tempelbeamten gleich Wandbänken nach und nach ins Heiligtum gestiftet waren, wurden sie
zum Gebrauch der Tempelbesucher an passender Stelle, vor allem
wohl nahe der Liegehalle aufgestellt und von den Tempelwärtern

gereinigt und regelmäßig gefüllt. Vielleicht waren auch die Tempelbesucher darauf angewiesen, sich selbst das Wasser an der Quelle
zu schöpfen oder von ihren Angehörigen herbeibringen zu lassen.
Über die Gestalt dieser Schöpf- und Gießgefäße habe ich
S. 26 ff. des zweiten Abschnittes dieser Studien ein paar Worte
gesagt, die den Widerspruch eines Rezensenten der Separatdrucke
meiner Arbeit „Aus dem antiken Badewesen" in der Wochenschrift
für klassische Philologie Nr. 17 v. 25. April 1910 gefunden haben.
Was ich Fig. 22 als Gießgefäß abgebildet hatte, sei keine Arytaina.
Es ist derselbe Archäologe, der weiland den Aryballos für ein ganz
großes Gefäß erklärt hat, die Arytaina für ein ganz kleines, was
allseitigen Widerspruch fand und allgemein heute für unrichtig
gehalten wird; auch seine diesmaligen Ausführungen scheinen
mir wenig glücklich.

Ich bemerke zunächst, daß kein aufmerksamer Leser meiner
S. 28[1]) wird behaupten können, daß ich die Henkelkanne der
Fig. 22 für eine typische Arytaina ($\dot{\alpha}\varrho\acute{\iota}\tau\alpha\iota\nu\alpha$) ausgegeben habe;
im Gegenteil, ich habe ausdrücklich gesagt, daß ich dies Gefäß
für völlig ungeeignet halte, für den Zweck des Wasserschöpfens
und Übergießens, wofür ich ein „kannenartiges Gefäß mit weitem,
vermutlich schief, also schnaubenartig oder schnabelartig, ab-
gestutztem Ausguß" verlangte. Wenn G a l e n o s und andere
von den bekannten Kehlkopfknorpeln sagte, sie seien „arytänoid",
gießkannenähnlich, so hat er doch wohl die beiden Gießkannen-
knorpel z u s a m m e n gemeint, die namentlich bei dem Lieb-
lingstier anatomischer Demonstrationen, dem Schwein, der
Hinterseite des Kehlkopfeingangs eine ähnliche Form gaben,
wie der Ausguß bei unseren modernen Wasserkannen ihn vor
20 bis 30 Jahren noch stereotyp zeigte.

---

[1]) Der Sonderausgabe „Aus dem antiken Badewesen", Berlin 1910.

Daß es durchaus kleinere Gefäße in Löffelform sein müssen, die man zum Schöpfen und Gießen verwandte, kann ich nicht zugeben. Löffel, gestielte Schöpflöffel, wie B l ü m n e r will, also Kellen wurden zum Übergießen beim Bade doch gewiß nicht gebraucht, dafür sind doch nur Kübel oder Kannen geeignet und in allen Kulturen gebraucht worden.[1]) Zum Wasserholen verwendet man natürlich große Gefäße und solche werden denn auch z. B. auf beiden Seiten einer von G e r h a r d in den „Auserles. griech. Vasenbilder" 295/296 abgebildeten rotfigurischen Vase des Museo Torlonia in Rom zur Füllung eines Luter und einer Waschkufe herangeschleppt, mit zwei seitlichen Henkeln und einem Halshenkel versehen. Daß ähnliche Kannen (Hydrien) und Amphoren auch zum Begießen und Abspülen des Körpers direkt verwendet wurden, zeigt das mehrfach angezogene Bild 22 meiner früheren Serie und Fig. 4 unserer neuen Reihe. Ganz so groß waren die Kannen und Kübel zum Übergießen gewöhnlich wohl nicht. Aber die Form der späteren typischen Arytaina bringt auf Übergießungs-Szenen meines Wissens kein Vasenbild. Auch der Fall, daß geschöpft würde — wie es $\dot{\alpha}\varrho\acute{\upsilon}\varepsilon\iota\nu$ ja streng genommen verlangt, was B l ü m n e r mit Recht moniert — aus einer Quelle oder aus einem großen Gefäße, um einen „Badenden" zu übergießen, ist mir auf Vasenbildern noch nicht begegnet. Wir sehen beim Wasserholen immer nur, daß doppel- und mehrhenklige große Krüge (Hydrien) unter einen Wasserauslauf gehalten werden. Nur einmal wird aus einem am Boden

---

[1]) Kann irgendjemand im Ernste annehmen, daß die Arytainai mit heißem Wasser, welche der Badediener in Nr. 33 der Magdôla-Papyri aus dem 3. Jahrhundert v. Chr. hereinbringt (vgl. mein „Ärztliches aus griechischen Papyrusurkunden", Leipzig 1909, S. 89 ff.), und aus deren einer er die arme Philista an Bauch und Oberschenkel verbrüht, Schöpflöffel gewesen seien??

stehenden flachen Becken, ohne Fuß, einem Podanipter, Wasser in
ein Becken auf hohem Fuße, einen Luter, geschöpft (Fig. 27)
auf einer rotfigurigen Vase, deren Pause ich Herrn P a u l
H a r t w i g in Rom verdanke.[1]) Hier ist allerdings eine recht
kleine Kanne für diesen Zweck im Gebrauch, die schätzungsweise
kaum mehr als 150—
180 Kubikzentimeter
fassen mag, aber von
einer Löffelform wie
B l ü m n e r sie ver-
langt, kann auch hier
keine Rede sein. Es
ist eine kleine ein-
henklige, aber doch
eine recht ausge-
sprochene K a n n e mit
weitem Halse.

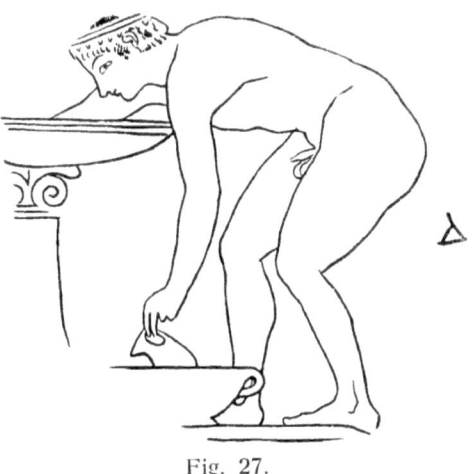

Fig. 27.

Der später allge-
mein verbreiteten Form
der Arytaina am nächsten zu kommen scheint das Gießgefäß auf
einem allerdings stark beschädigten Innenbild einer flachen zwei-
henkeligen Schale (Kylix), wie wir sie beim Kottabos-Trinkspiele
auf Vasen gleicher Zeit in Verwendung sehen, des Museo civico in
Bologna, das unsere Fig. 28 wiedergibt. Die Mitte des Bildes nimmt

---

[1]) Ich bemerke bei dieser Gelegenheit einem letzten Monitum
B l ü m n e r s gegenüber, daß ich auch in Zukunft für das archäologische Detail nur P h o t o g r a p h i e n als Belegstücke anerkennen
kann, wo sie irgend erreichbar sind, weil jede Pause oder gar Zeichnung das Subjektive des Zeichners in das Bild hineinträgt. In wissen-
schaftlichen Fachfragen der Medizin und Hygiene kommt der malerische
Gesamteindruck erst an zweiter Stelle!

eine fast nackte Mädchengestalt ein; nur der Busen scheint von
der Brustbinde (dem στρόφιον) umhüllt, die Haare sind mit einem
breiten Bande in oft wiederkehrender Schürzung aufgebunden.
Zu Füßen des Mädchens, ihren linken Unterschenkel unserem

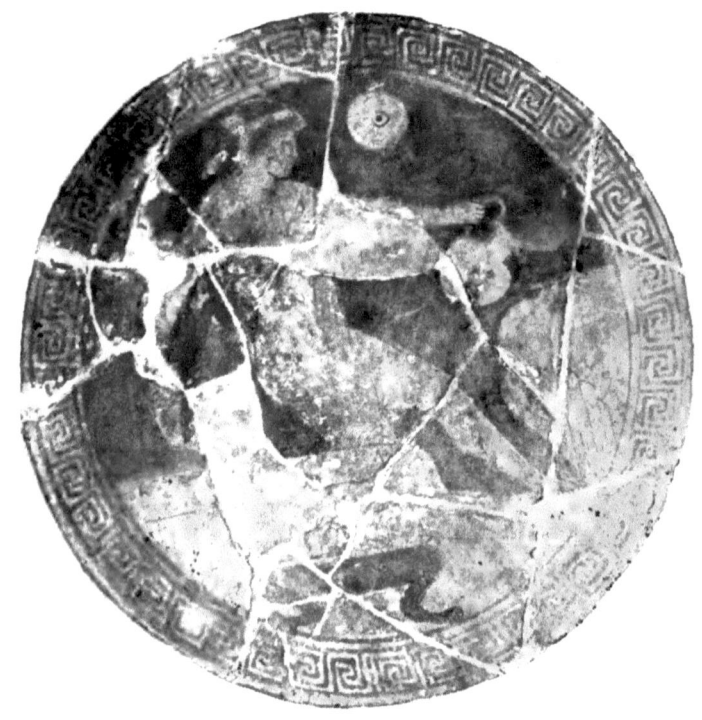

Fig. 28.

Auge verdeckend, sehen wir den schweren Mauerrand eines
Zieh- bzw. Schöpfbrunnens (φρέαρ), einer Zisterne, aus deren
Tiefe das Wasser an einem Seil oder einer Kette, oft mittelst
eines Hebebaumes, in einem Zieheimer (γαυλός) gehoben wurde,
dessen gewöhnliche runde Form unser Bild 15 des ersten
Abschnittes S. 21 [1]) zeigt, während das Gefäß, welches die nach

---

[1]) „Aus dem antiken Badewesen." Berlin 1910.

rückwärts gestreckte Hand des Mägdleins unserer Figur 28 um-
klammert, mehrkantig zu sein scheint. Das untere Ende des
Zieheimers hat auch hier eine stumpfspitzige Rundung; der
Henkel ist nicht mehr sichtbar, wohl aber der Strick, an
welchem der Eimer hängt. Die Haltung des Nachrückwärts-
greifens mit dem rechten Arme ist typisch die gleiche auf einer
ganzen Reihe solcher Schöpf- bzw. Ziehbrunnenszenen auf
Vasenbildern, die ich gesehen;
doch sind die wasserschöpfenden
Mädchen sonst immer völlig be-
kleidet, auch am Ziehbrunnen.
An der gemauerten Mündung
des Schöpfbrunnens steht hier
ein flaches Becken auf geschweif-
ten Füßen, ein Podanipter an-

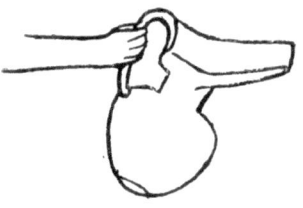

Fig. 28 a.

scheinend, ganz rechts eine bauchige Kufe ($\pi\iota\vartheta o\varsigma$) oder ein
Wäschetrog ($\pi\lambda\nu\nu\delta\varsigma$, $\sigma\varkappa\dot\alpha\varphi\eta$), der hier aber vielleicht wie das
Fuß-Waschbecken (der $\nu\iota\pi\tau\dot\iota\varrho$) zur Körperwaschung benutzt
werden sollte, wenn man die Nacktheit des Mädchens in Rech-
nung zieht. Die Öl- und Laugenpithoi des Baderaumes im
Gymnasion zu Pergamon weisen ja genau die gleiche Form auf
(vgl. unsere diesmalige Figur 20). Unser Mägdlein am Ziehbrunnen gießt Wasser in diese Kufe aus einem Gefäße, das sie
in der linken Hand erhoben neigt. Offenbar ließ der Hebe-
baum oder die Länge des Eimerstrickes ein direktes Hinüber-
gießen des Wassers aus dem Zieheimer in die Kufe nicht zu;
das Mädchen goß also das Wasser zunächst in eine Schöpf-
kanne und mittelst dieser in die große Kufe. Das vermittelnde
Gieß- oder Schöpfgefäß in der Linken des Mädchens, dessen
Form wir in Umrißzeichnung auf Fig. 28a nochmals vorführen,
zeigt also eine bauchige Henkelkanne mit weitem Halse und

breitem, schnabelartig verlängertem Ausguß, die typischen
Merkmale also der von uns angenommenen Arytaina, der
Wasserkanne zum Schöpfen und Begießen, die lange in Gebrauch war. Wie sehr auch ihre Form im einzelnen ge-
schwankt haben mag, der breite schnaubenartige Ausguß war
und blieb bis vor wenigen Jahrzehnten das Charakteristische;
um seinetwillen hat G a l e n o s und seine alexandrinischen
anatomischen Vorgänger die Konfiguration der hintern Kehlkopfknorpel gießkannen-, bzw. „wasserkannen-ähnlich" genannt.
Erst die moderne Umstilisierung unserer Gebrauchskeramik hat
auch die Ausgüsse unserer Waschwasserkannen vielfach um-
gestaltet und die langbewährte Form zurückgedrängt. — —

Ehe die Wasserleitungen in den Waschräumen allgemein geworden waren, hat aber das Schöpf- und Gießgefäß bestimmt eine
große Rolle beim Waschen gespielt, und g r u n d l e g e n d geändert
haben sich die Verhältnisse in den Wasch- und Baderäumen durch
die Herleitung fließenden Wassers auch nicht. Das zeigen schon
die schwarzfigurigen Vasen zu Leiden und die frühe rotfigurige
zu Berlin (Fig. 45 und 46) im III. Abschnitt dieser Studien
S. 59—62 aus der Zeit um 500. Und auch 300 Jahre später
war es nicht viel anders geworden, wie Priene und Pergamon uns
lehren. Noch immer war das Überströmenlassen aus Leitung
und Kanne die bevorzugte Bade- und Waschform.

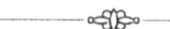